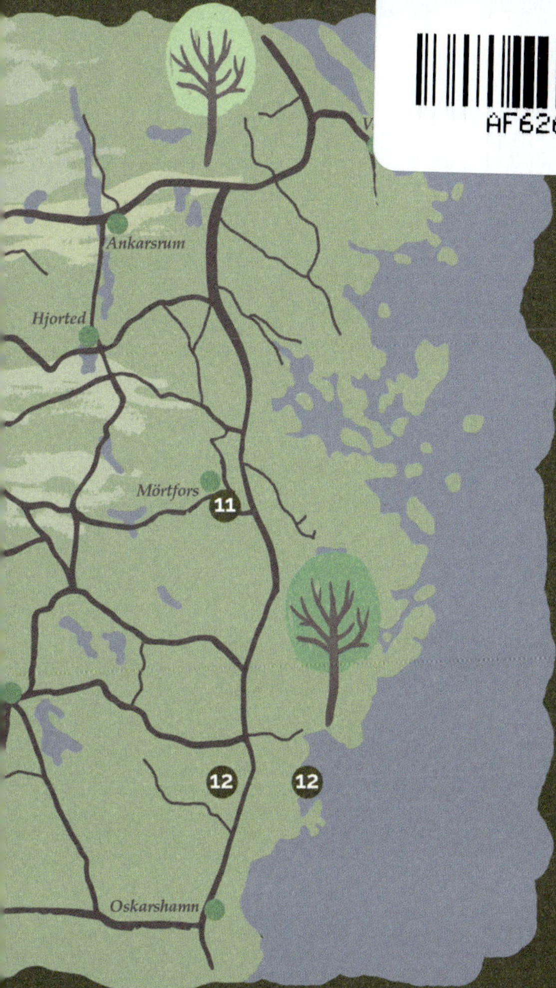

11 Mörtfors
12 Stensjö by und Dragskär havsbad
13 Djursdala

Unterwegs in Småland

Wandern in Astrid Lindgrens Heimat

3., aktualisierte und erweiterte Auflage
Titel der vorherigen Auflage:
Unterwegs in Astrid Lindgrens Heimat.

Idee, Text und Fotografie: Christian Holzer
Layout, Fotografie und Form: Emma Jansson

Druck: Belvédère Art Books, Niederlande 2022
www.TheArtOfMakingBooks.se

ISBN 978-91-9819135-6

Klimatneutral
Trycksak
ClimatePartner.com/13775-2201-1001

Unterwegs in Småland

Wandern in Astrid Lindgrens Heimat

Christian Holzer Text und Foto
Emma Jansson Foto

BASEBO FÖRLAG

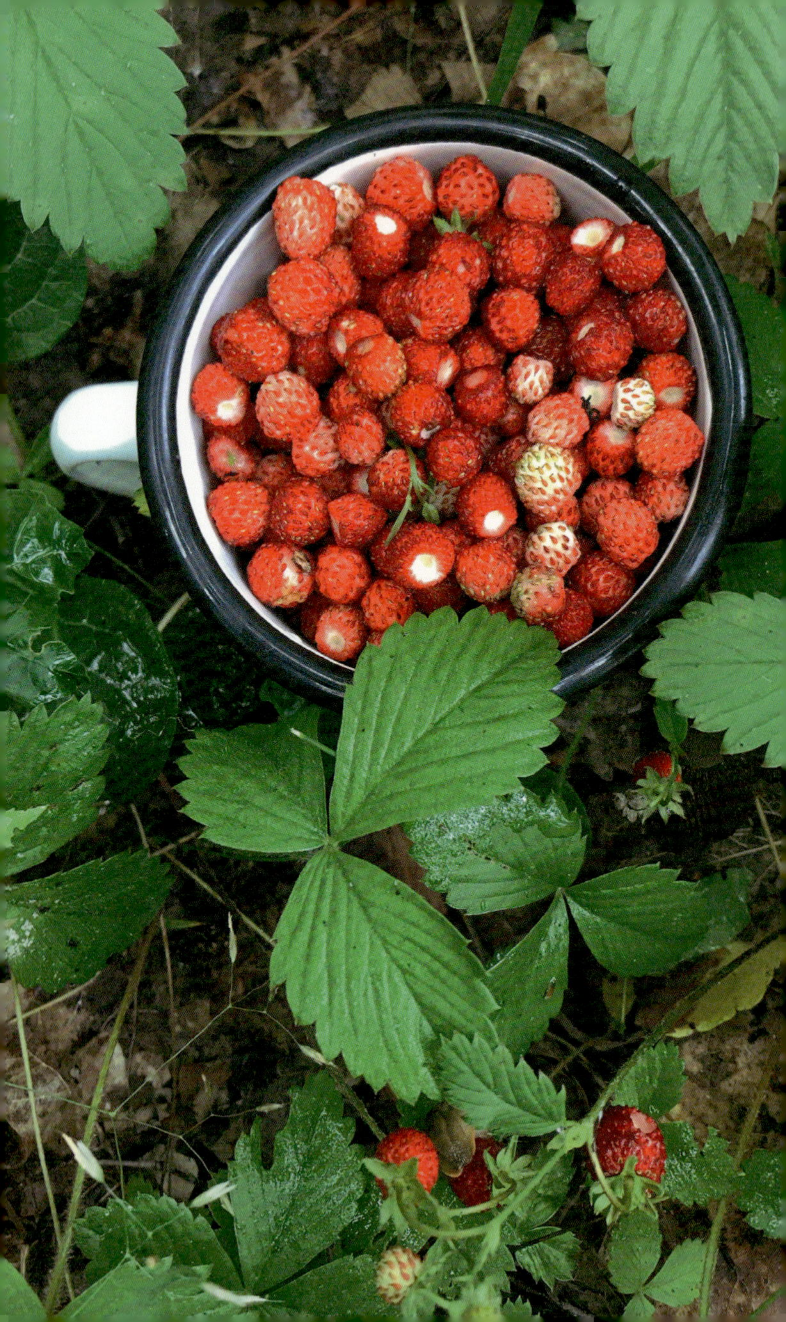

Inhaltsverzeichnis

Hej liebe Leserinnen und Leser,

mögen Sie Wälder und Wiesen, genießen Sie Aussichten und die Schönheit von Kulturlandschaften? Wollen Sie das echte Småland entdecken, und am liebsten zu Fuß mit kurzen oder langen Wanderungen? Dann ist dieses Buch genau richtig für Sie – Sie werden Astrid Lindgrens Heimat kennen und lieben lernen! Hier finden Sie Tipps für eine Reihe von wunderschönen Wanderungen in den Gemeinden Hultsfred, Vimmerby, Oskarshamn und Eksjö. Viele Wanderungen folgen gut markierten Wegen, andere hingegen sind weder markiert noch auf einer Karte eingezeichnet. Detaillierte Beschreibungen und GPS-Daten helfen Ihnen, den richtigen Weg zu finden. GPS-Koordinaten können Sie direkt wie im Text angegeben in Google Maps und ähnlichen Diensten eintragen (beachten Sie Punkt und Kommazeichen).

Jetzt nur noch die Stiefel schnüren und los geht's – viel Spaß!

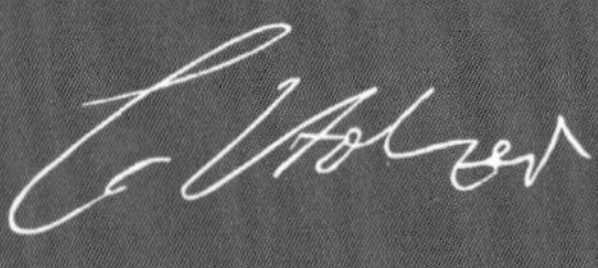

CHRISTIAN HOLZER

Schwierigkeitsgrade der Touren

◊: leicht: keine besondere Ausrüstung notwendig

◊ ◊: mittelschwer: feste Schuhe, nehmen Sie sicherheitshalber eine Wanderkarte mit

◊ ◊ ◊: schwer: Wanderstiefel, nehmen Sie Wasser / Essen / Karte / GPS / Kompass / Handy mit

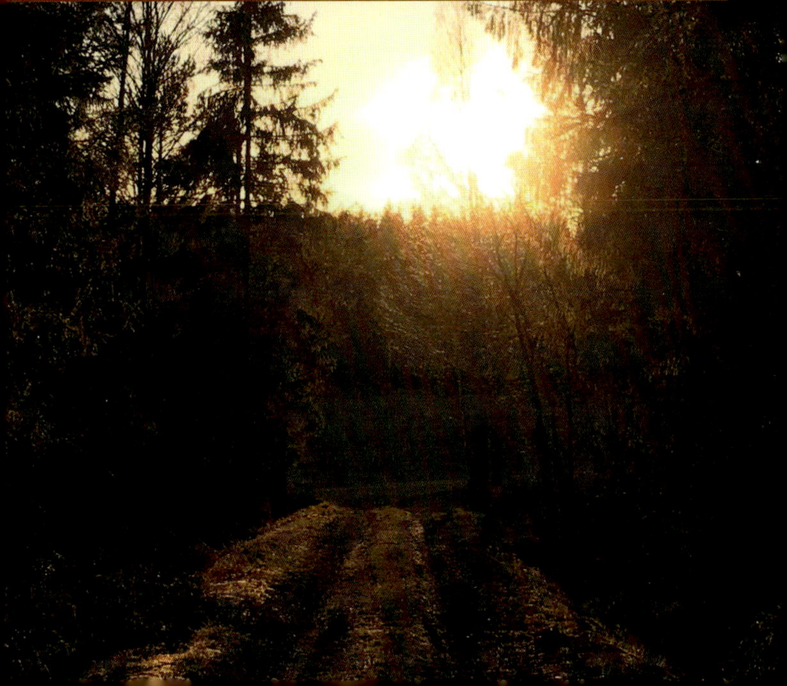

Unterwegs und draußen

Ende 1994 wurde das "Allemansrätten" in die schwedische Verfassung eingeschrieben: "Jeder hat das Recht auf Zugang zur Natur gemäß dem Jedermannsrecht." Aber auch in Schweden ist das meiste Land in privatem Besitz, und das Gesetz verlangt, dass Sie das Eigentum Anderer respektieren.

Sie können sich zu Fuß, mit Rad, Kanu, Pferd und mit Skiern in der Natur bewegen, wenn Sie nicht Gefahr laufen, Ernten, Baumschonungen oder andere sensible Bereiche zu schädigen. Sie dürfen nicht über Privatgrundstücke oder eingezäunte Bereiche eines Hofes gehen. Die Bewohner haben das Recht auf ihre Privatsphäre, halten Sie bitte einen angemessenen Abstand! Wenn Sie ein Tor öffnen, schließen Sie es bitte hinter sich, es kann frei laufende Kühe oder Schafe geben.

Sie können wilde Beeren, Blumen und Pilze (allerdings nicht Haselnüsse, Bucheckern und Ei cheln) pflücken, und Sie dürfen heruntergefallene Äste und trockenes Reisig vom Boden sammeln. Brechen Sie keine Zweige von lebenden Bäumen ab und pflücken Sie keine geschützten Pflanzen!

Sie können eingezäunte Weiden und dergleichen gerne überqueren, aber schließen Sie Tore hinter sich, so dass die Tiere nicht entweichen können. Sie dürfen für einen oder auch mehrere Tage ein Zelt aufschlagen, wenn Sie die Land- und Forstwirtschaft nicht behindern und weit genug vom nächsten Wohnhaus entfernt sind. Machen Sie einen Sport daraus, Ihren Zeltplatz so unsichtbar wie Old Shatterhand und Winnetou zu verlassen!

Machen Sie nur dann ein Feuer, wenn keine Gefahr für einen Brand besteht! Machen Sie nie ein Feuer direkt auf den Felsen! Felsen und Klippen sind Millionen von Jahren alt und können in ein paar Minuten unwiderruflich zerstört werden, denn durch ein Feuer wird der Fels so heiß, dass er platzt. Oft gibt es angelegte Feuerstellen, benutzen Sie bitte diese in erster Linie. Im Frühjahr und Sommer kann bei Waldbrandgefahr ein totales Feuerverbot (inkl Grillverbot) bestehen, bitte ggf. im Touristenbüro nachfragen.

Wenn Sie historische Plätze besuchen (wie z.B. die alten Burgen, die in diesem Buch beschrieben sind), seien Sie besonders vorsichtig, denn sie sind durch das Gesetz geschützt.

Lassen Sie bitte niemals Unrat in der Natur zurück! Leere Dosen oder Plastiktüten sind tödlich für Weidetiere, wenn sie in deren Magen kommen. Jedes Jahr sterben zahlreiche Kühe in Schweden elendiglich an Ensilagefutter mit kleingehäckselten Blechdosen.

Hunde müssen in der Zeit vom 1. März bis 20. August an der Leine geführt werden. Immer und überall. Auch in der restlichen Zeit des Jahres muss ein Hund so unter Aufsicht stehen, dass er der Tierwelt und anderen Menschen keinen Schaden zufügt.

Auf der Seite der schwedischen Naturschutzbehörde gibt es ausführliche Informationen:
www.naturvardsverket.se

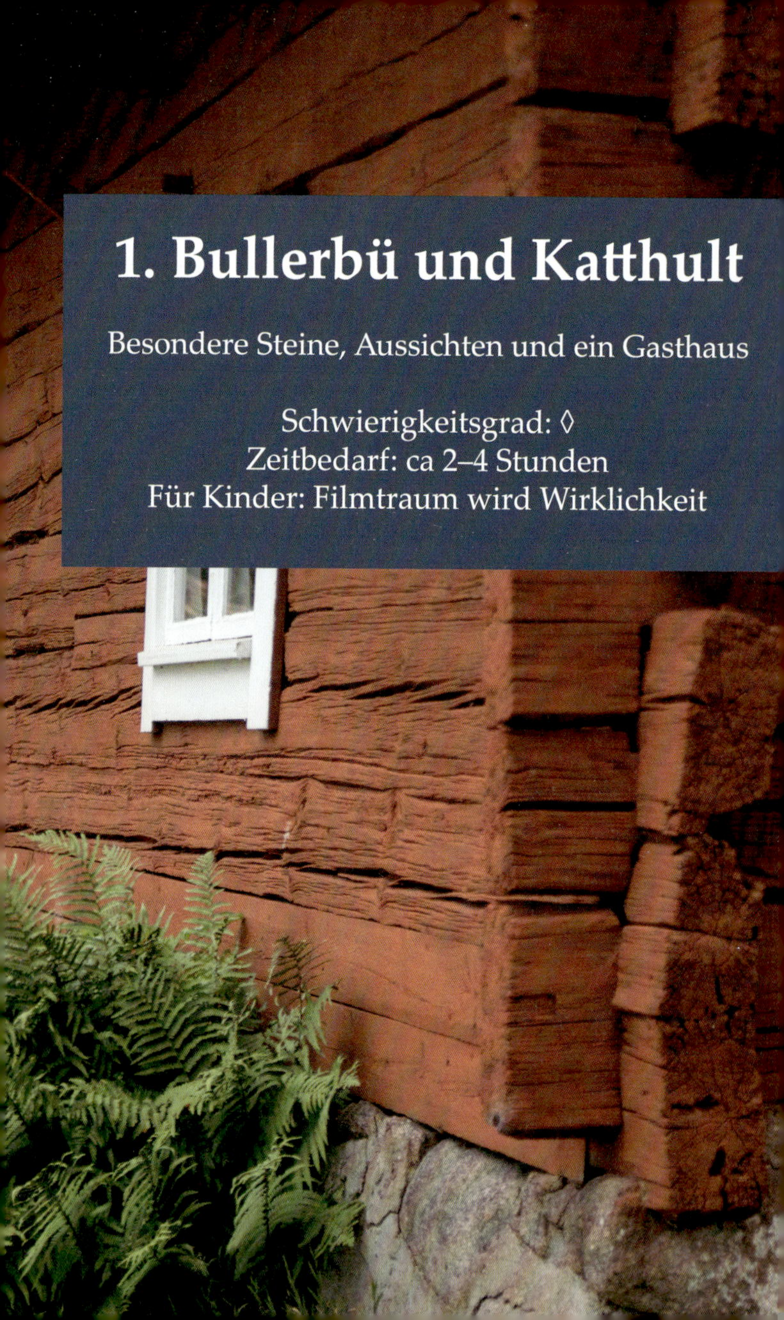

1. Bullerbü und Katthult

Besondere Steine, Aussichten und ein Gasthaus

Schwierigkeitsgrad: ◊
Zeitbedarf: ca 2–4 Stunden
Für Kinder: Filmtraum wird Wirklichkeit

Småland ist mehr als Bullerbü und Katthult! Natürlich verstehen wir, dass Sie wegen der Bücher von Astrid Lindgren den weiten Weg zu uns gemacht haben, aber wir möchten Ihnen einige weitere Ausflugsziele inmitten der schönen Natur zwischen Bullerbü und Katthult vorstellen. Die Filmschauplätze und das Filmmuseum in Mariannelund (Filmbyn Småland) sind definitiv einen Besuch wert, aber mit diesem Tourenvorschlag können Sie Ihren Ausflug mit etwas wirklich Außergewöhnlichem verbinden.

Sie verlassen Vimmerby in Richtung Rumskulla (Ausfahrt von der Reichsstraße 23 nördlich von Vimmerby auf die Straße 812). Sie sehen die Åbro Bryggeri auf der linken Seite, dies ist Schwedens größte Brauerei in Familienbesitz. Im Sommer gibt es hier Führungen und ein empfehlenswertes Restaurant im Backsteinbau am Rand des Komplexes ist ganzjährig geöffnet. Sie setzen den Weg fort, kurz nach einer scharfen Linkskurve kommt ein Schild „Skillingarum" auf der linken Seite, hier biegen Sie ab und nach etwa 300 m sind Sie im Zentrum (GPS 57.66487, 15.81846). Skillingarum ist ein pittoreskes kleines Dorf mit einem kleinen Marktplatz und einem schönen alten Haus im Zentrum, das in der Vergangenheit ein Gasthaus war. In Skillingarum kreuzten sich zwei wichtige Wege, der Königsweg Stockholm–Kalmar und die Straße Västervik–Jönköping–Göteborg, die in der Vergangenheit von großer Bedeutung für diese Gegend waren. Aber Skillingarum hat auch eine düstere Seite: in unmittelbarer Nähe gab es den Galgenberg (GPS 57.66441, 15.81603), dort wurden die zum Tode Verurteilten hingerichtet. Die letzte Frau, die auf Skillingarums Galgenberg hingerichtet wurde, war von ihrem Geliebten verschmäht worden. In ihrer Enttäuschung hatte sie sein Essen mit Arsen vergiftet. Dies geschah 1820. Wir fahren zurück zur großen Straße und weiter in Richtung Rumskulla. Nach etwas mehr als 3 km biegen wir links ab nach Björnebro. Übrigens, wenn Sie ca. 400 m früher abbiegen, kommen Sie nach etwa 1,5 km zum See Hökesjön mit einem wunderschönen Badeplatz (GPS 57.646871, 15.758254). Das ist eine gute Alternative für einen Badeausflug, oder Sie machen eine Pause und besuchen die anderen Orte einfach etwas später! Aber jetzt gehen wir davon aus, dass Sie in Richtung Björnebro gefahren sind, nach 1,8 km passieren Sie dann den Stångån, einen bei Paddlern sehr beliebter Fluss. Der Weg geht jetzt leicht nach oben und nach 700 m kommt eine kleine Ausbuchtung auf der rechten Seite, hier können Sie parken (GPS 57.641368, 15.731550). Steigen Sie aus und gehen Sie ca. 20 m zurück auf die andere Straßenseite, dort sollte es einen kleinen Stab mit einer orangen Markierung geben. Halten Sie sich an die Markierungen, wenn Sie keine sehen, gehen Sie leicht nach rechts und immer nach oben, dann kommen Sie ans Ziel. Nach ein paar Dutzend Metern kommen Sie aus dem noch jungen Wald in ein sehr steiniges Gelände. Ab hier geht es steil nach oben. Sie kommen an einem kleinen Schild vorbei, das Ihnen bestätigt, dass Sie auf dem Weg zur Fliehburg Skanseberg sind. Nach 200–300 m erreichen Sie den Gipfel, auf dessen Spitze liegt ein großer Stein (GPS 57.640336, 15.73549). Schauen Sie sich genau an, wo und wie er da liegt – wurde er absichtlich dort platziert? Früher hießen Fliehburgen auch "Hünenburg". Vielleicht hat ein Hüne den Stein hier abgelegt und die kleinen Steine darunter gelegt? Die Burganlage ist ca. 220 x 70 m groß und durch steile Felswände und angelegte Steinwälle vor Angreifern gut geschützt. Wenn Sie genau hinschauen, können Sie Reste der Steinwälle und zwei Eingänge sehen. Achten Sie bitte auf Ihre Kinder, der

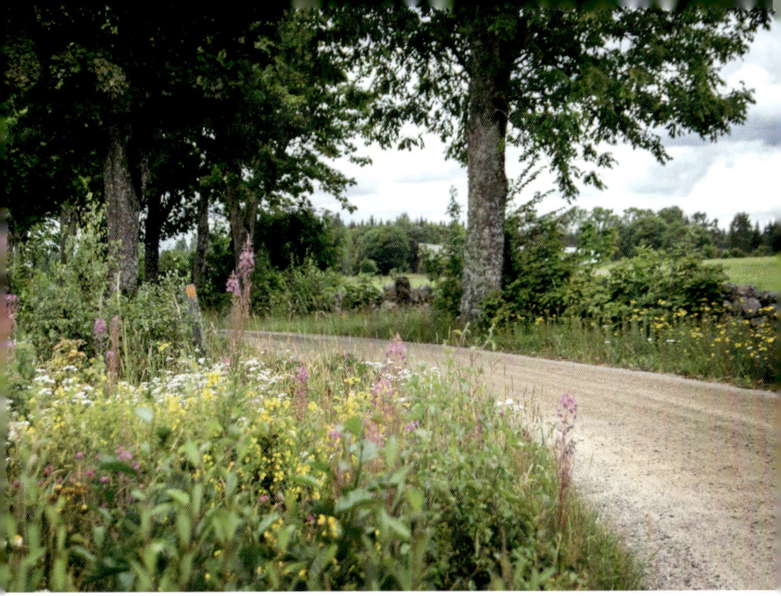

Abgrund ist sehr tief! Die Burg ist vermutlich aus der späten Eisenzeit (400–1 000 n. Ch.), vielleicht war sie Zuflucht in Kriegszeiten oder auch "nur" eine Kultstätte. Wenn Sie sich ein wenig ausgeruht haben, gehen Sie weiter, halten Sie sich leicht rechts. Auch hier gibt es Wegmarkierungen, aber sie können auch fehlen oder sind nicht leicht zu sehen. Sie können jedoch nichts falsch machen, wenn Sie nur langsam und vorsichtig immer nach unten gehen. Wenn Sie auf der Asphaltstraße angekommen sind, bietet sich Ihnen ein ungewöhnliches Bild: Hier liegt ein mächtiger Felsbrocken, der Toppesten oder Klocksten (Glocken-Stein, GPS 57.640161, 15.731888). Er ist als Naturdenkmal geschützt. Laut Volksglauben bewegt sich der Stein, wenn er die Kirchenglocken von Pelarne hört. Schauen Sie nach oben: Richtige Bäume wachsen auf dem Felsen, in Småland findet die Natur selbst auf den kargsten Böden ihr Auskommen!

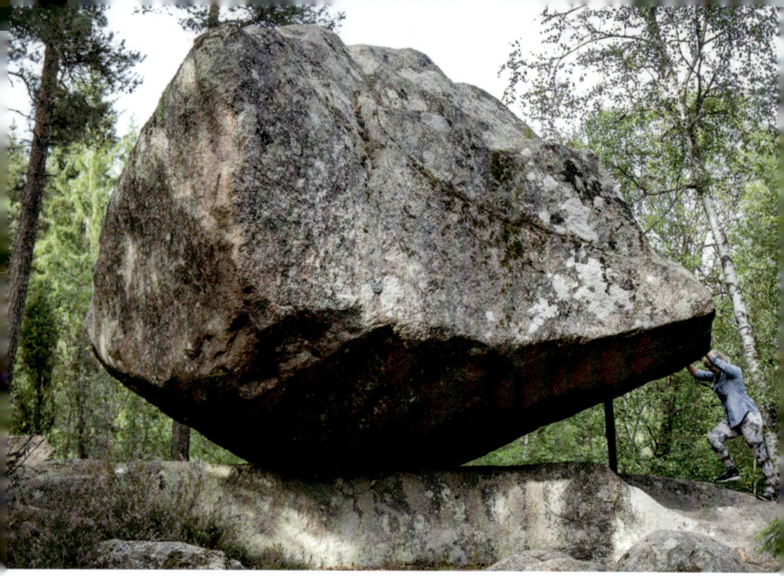

Gehen Sie nun zurück zum Auto und fahren Sie weiter zur Hauptstraße 40. Hier fahren Sie rechts nach Mariannelund und ca. 8 km weiter bis zur Abzweigung zum Runkesten. Aber schon nach 2 km auf dem Reichsweg sehen Sie auf der rechten Seite das Gästehaus Mossebo mit seiner schönen Eschenallee (GPS 57.638966, 15.698757). Der berühmte Karikaturist Albert Engström erhielt 1892 eine Anstellung als Dozent in Mossebo und war den Sommer über dort. Er verbrachte hier die vielleicht glücklichste und unbeschwerteste Zeit seines Lebens zusammen mit Sigrid Sparre, die er bei einem gemeinsamen Bekannten in Eksjö kennen gelernt hatte. Sie war auf dem Nachbarhof Herrestorp untergebracht. Albert schreibt über sich selbst und Sigrid in der Geschichte „Katzenjunge“:

„Wir trafen uns zitternd an einem Tor, welches noch immer steht, es ist in meiner Erinnerung das Tor zum Paradies, mit süßen Gefahren auf beiden Seiten.“

Am 10. Juni verlobte sich das Paar in aller Heimlichkeit. Sie bekamen schließlich auch die Zustimmung der Eltern und die offizielle Verlobung fand am 24. August, einem Sonntag, auf Herrestorp statt. Jetzt ist das Gebäude ein Museum und mit seiner wunderlichen Einrichtung ein sehr sehenswertes Zeitdokument. Im Nebengebäude können Sie gut zu Mittag essen oder einen Kaffee trinken. Sie können hier auch die orange Markierung des Sevedeledens sehen, einem schönen Fernwanderweg.

Von hier können Sie gut einen Abstecher nach Pelarne machen. Sie biegen kurz vor Mossebo nach Süden ab und folgen der Beschilderung nach Pelarne. In Pelarne steht eine der ältesten Holzkirchen Schwedens aus dem 13. Jahrhundert mit einem besonders schönen Glockenturm. Von hier haben Sie eine gute Aussicht. Pelarne ist die Heimatgemeinde Astrid Lindgrens, ihre Mutter Hanna Jonsson wuchs im Ortsteil Pelarnehult auf. Dort gibt es auf der äußersten Landzunge sehenswerte Reste einer mittelalterlichen Burg. Und nur wenige Kilometer weiter liegt Bullerbü, dazu mehr an anderer Stelle.

Von Mossebo geht es noch 6 km weiter auf der Hauptstraße, bis Sie das kleine Schild „Rokulla södra" auf der linken Seite sehen, hier fahren Sie rechts ab. Diese Abzweigung ist am Ende einer langen Gefällstrecke. Falls Sie das Schild verpassen, wenden Sie ein paar hundert Meter weiter (Abzweigung Filmbyn bzw. Campingplatz Spillhammar, der übrigens einen sehr schönen öffentlichen Badeplatz mit Sprungturm hat) und fahren zurück zur Abzweigung. Halten Sie sich rechts und fahren ein paar hundert Meter auf der Asphaltstraße, die parallel zur Reichsstraße verläuft, zurück. Nach etwa 300 m ist eine Verbreiterung auf der linken Straßenseite, fahren Sie hier

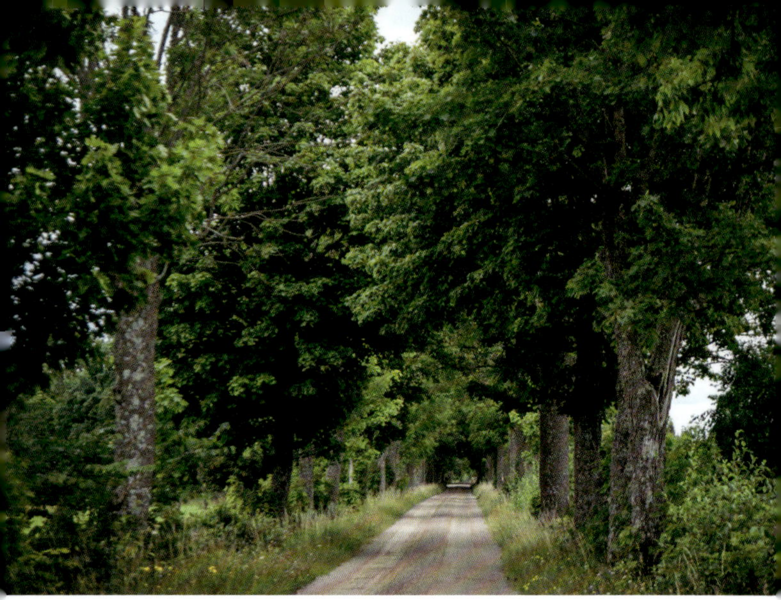

hinein und parken Ihr Auto. Hier sehen Sie wieder die orangefarbene Markierung vom Sevedeleden, folgen Sie dieser. Nach 500 m, kurz nach der Überquerung eines kleinen Baches, teilt sich der Weg. Hier gehen Sie 100 m nach rechts und Sie sehen den größten Stein der Welt, den man zum Schwingen bringen kann (GPS 57.632947, 15.610255)! Der Stein ist etwa 4 m hoch, 5,5 m breit und 6,5 m lang, das heißt, er wiegt etwa so viel wie fünf große Lastwagen. Haben Sie je versucht, auch nur einen Lkw mit den bloßen Händen in Bewegung zu versetzen? Als das Inlandeis, das etwa 2–3 km dick war, sich in Bewegung setzte, schob es diesen seltsamen Block – vielleicht Hunderte von Meilen – um ihn schließlich während der Eisschmelze vor 10 000–12 000 Jahren genau hier auf der Kante abzulegen. Warum er genau hier liegt, so schön auf einer Felsplatte und genau auf seiner Schaukel-Kante, ist schwer zu erklären.

Der Volksmund erzählt dazu: Die Riesin Kåra war wütend über den Lärm der Kirchenglocken von Rumskulla und warf den Stein von der „Harekulla-Höhe“ in der Nachbargemeinde Pelarne gegen Rumskullas Kirche. Bitte schauen Sie einmal auf die Karte, es ist eine ziemlich lange Strecke von ca. 20 km, verständlich, dass sie ihr Ziel verfehlte. Bei dem Wurf brach der Stein auseinander, eine Hälfte landete in Krogstorp (nahe bei Pelarne) und die andere Hälfte – Runkesten – hier auf diesem Hügel. Die Legende sagt, Kåra wird denjenigen vernichten, der es wagt, den Stein von seinem Platz zu stoßen. Man kann darüber schmunzeln, aber bitte respektieren Sie diese Naturerscheinung, sie ist einzigartig auf dieser Welt. Viele Besucher sind ein wenig enttäuscht von hier weggegangen, denn es gelang ihnen nicht, den Stein in Bewegung zu bringen. Tun Sie Folgendes: Gehen Sie mit der Schulter unter das schmale Ende (rechts wenn Sie zum Stein kommen) und drücken den Stein nach oben; oder drücken Sie den Stein mit den Händen nach oben, das geht genauso gut. Machen Sie eine Pause und drücken Sie erneut. Der Stein ist wie ein großes Pendel, er schwingt in einem langsamen Takt (Rhythmus ca. 2 Sekunden). Es kann schwierig sein, das Schaukeln wirklich zu sehen, aber wenn Sie einen Stab unterklemmen (werfen Sie einen Blick auf das Bild), dann fällt dieser um oder biegt sich und daran kann man sehen, dass der Stein sich wirklich bewegt hat. Wenn Sie Ihre Bemühungen ein paar Mal wiederholen, sollten Sie aber auch in der Lage sein, das Schaukeln zu sehen, und auf jeden Fall, wenn Sie mehrere Personen sind. Hören Sie dann auf, so schwingt der Stein ein paar mal ganz von selbst weiter! Auf dem Weg zurück können Sie kurz vor Erreichen Ihres Autos noch Reste von alter Kulturlandschaft und einem Haus, Stensryd, auf der rechten Seite sehen.

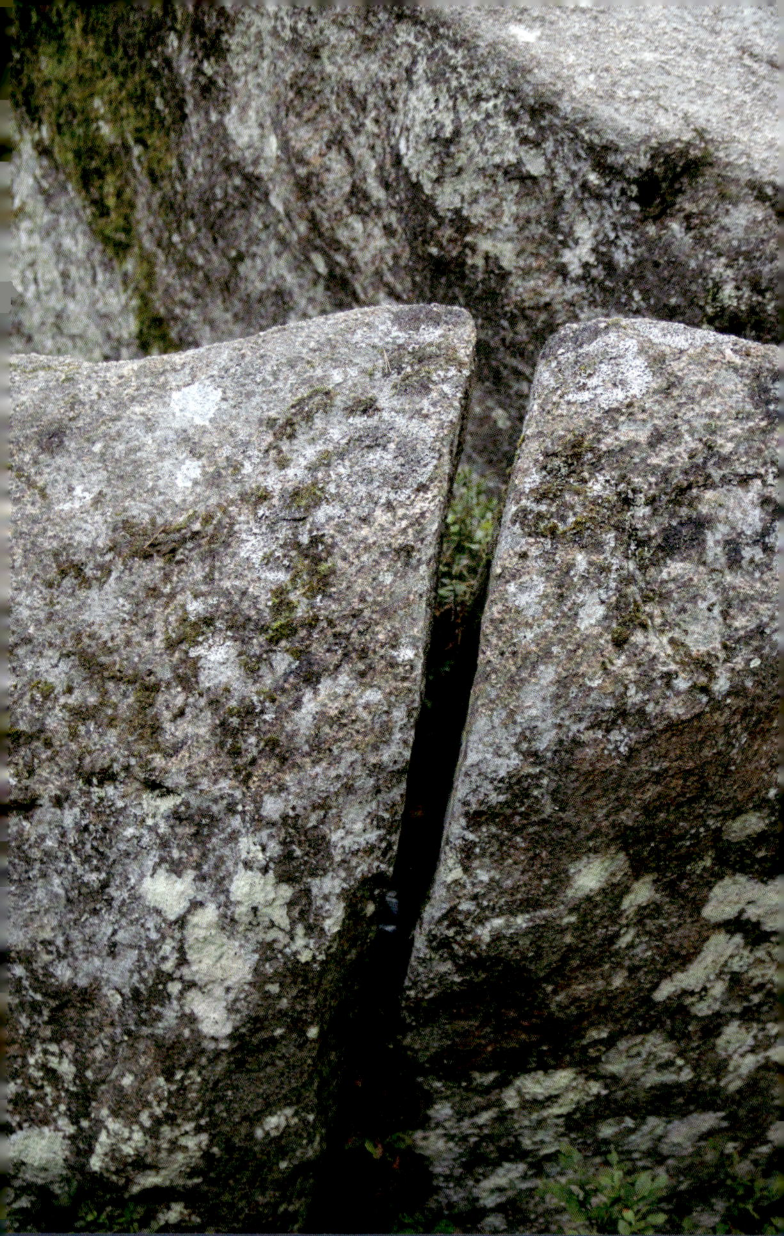

Fahren Sie zurück zur Reichsstraße und weiter in Richtung Mariannelund, also nach rechts, wenn Sie an die Hauptstraße kommen. Nach 500 m führt die Straße nach Rumskulla, dies wäre auch der Weg nach Katthult (ca. 8 km). Wir setzen den Weg jedoch noch ein kleines Stück auf der Reichsstraße fort und kurz nachdem wir den Fluss Silverån überquert haben, fahren wir rechts Richtung Kåremåla. Fahren Sie rund 500 m und Sie sehen die orange Markierung des Höglandsleden links und rechts der Straße. Parken Sie hier Ihr Auto und gehen links auf dem Wanderweg nach „Stubbaberg", Mariannelunds schönstem Aussichtsplatz (GPS 57.633554, 15.584133). Es dauert etwa eine halbe Stunde, halten Sie sich rechts, wenn sich der Weg teilt. Es ist ein langer und zeitweise steiler Aufstieg und Sie werden mit einem tollen Blick über Smålands Wälder und Seen reich belohnt! Gehen Sie den markierten Weg weiter bis zur asphaltierten Straße. Wenn Sie diese nach rechts gehen, kommen Sie zurück zum Auto.

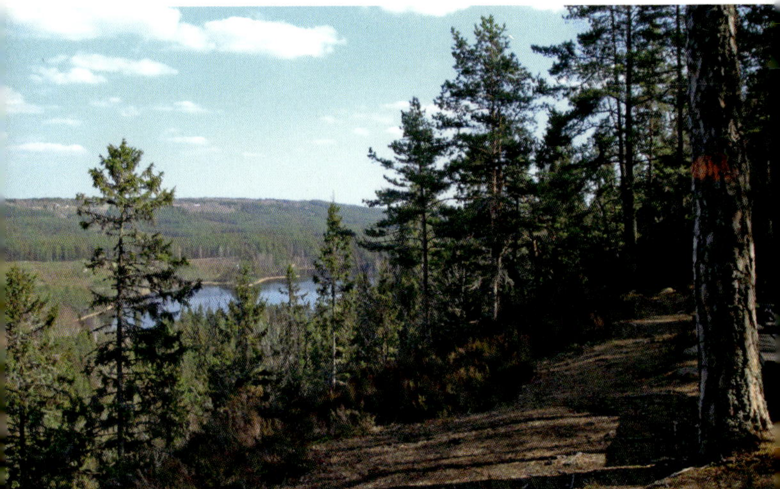

2. Bondarp

Geborstener Grenzstein mitten im Wald,
Kirchturm und Sommarcafé

Schwierigkeitsgrad: ◊
Zeitbedarf: ca 2–4 Stunden
Für Kinder: Café und ein spannender Findling

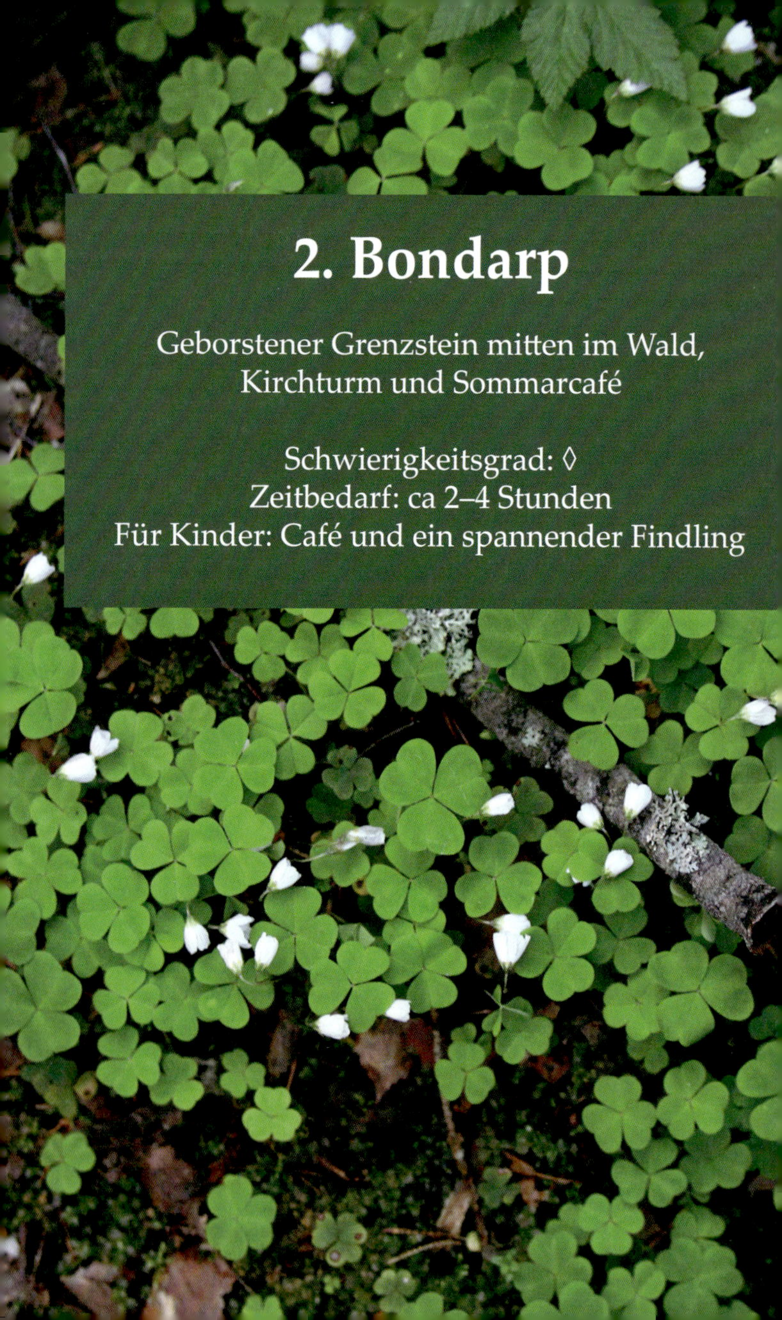

Etwa 10 km südöstlich von Mariannelund liegt ein seltsamer Stein mitten im Wald, gut versteckt und ganz für sich allein (GPS 57.561962, 15.514156). Dies ist der Klovesten (=geborstener Stein), groß wie ein Haus und in mehrere Teile zersprungen. Vor rund zehntausend Jahren wurde der gewaltige Felsbrocken von mächtigen Eismassen hierher transportiert. Das Eis in dieser Gegend Schwedens war damals bis zu 3 000 m dick!

Verlassen Sie Mariannelund in Richtung Eksjö, im Kreisverkehr am Ortsausgang fahren Sie links in Richtung Karlstorp / Kråkshult, nach einigen hundert Metern biegen Sie links nach Karlstorp ab und setzen den Weg dann etwa 7 km fort. Hinter dem schönen See auf der linken Seite fahren Sie rechts nach Bondarp (ausgeschildert, ca. 2 km). Fahren Sie nun vorsichtig auf dem Schotterweg, Sie kommen an sehenswerten Häusern in einer alten Kulturlandschaft vorbei. In Bondarp parken Sie ihr Auto auf der rechten Seite am Dorfende (GPS 57.5510, 15.5127). Gehen Sie die Straße weiter in derselben Richtung, die Sie auch schon gefahren sind. Hier sehen Sie uralte Kulturlandschaften mit beschnittenen Bäumen, schönen alten Steinmauern, Resten von Einzäunungen und zusammengesunkenen Steinhaufen versteckt in den Wäldern. Nach ca. 1 km sehen Sie links am Wegrand ein Schild „Klovev", biegen Sie hier rechts auf den kleinen Forstweg ein und folgen diesem. Dieser Weg endet in einer Schleife. Hier biegen Sie in einem 90-Grad Winkel nach links ab. Es gibt keinen Weg und keine Markierung, aber in knapp 100 m Entfernung erblicken Sie den ca. 8 m hohen Klovesten. Der Stein liegt genau auf der Grenze zwischen den Gemeinden Eksjö und Vetlanda. Vielleicht liegt der Stein ja deshalb genau dort und ist zerbrochen?

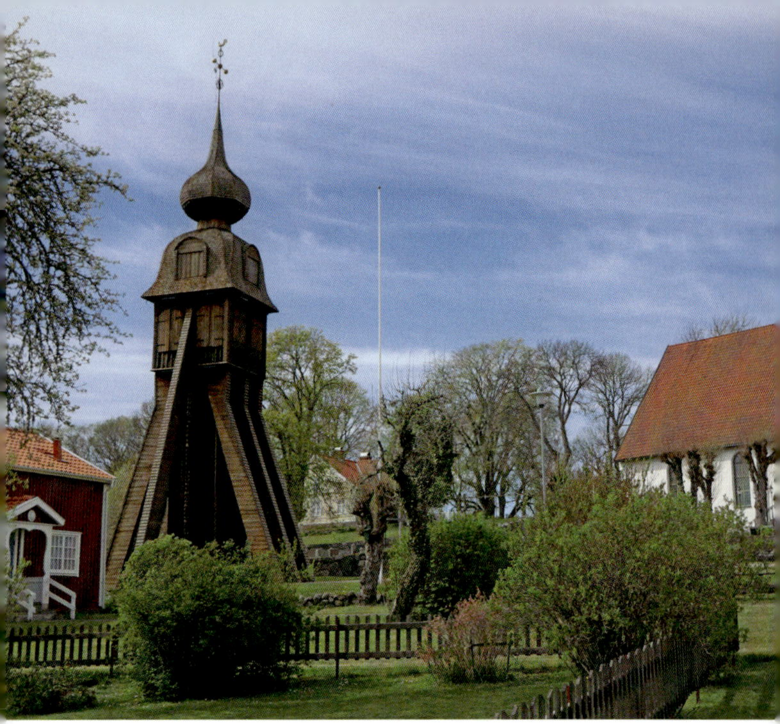

Fahren Sie von Bondarp zurück auf die Asphaltstraße und dann rechts Richtung Karlstorp. Nach insgesamt ca. 4 km kommen Sie an den idyllischen Badeplatz am Kolsjö (GPS 57.52309, 15.52131). Wenn Sie den Schotterweg am Badeplatz noch gut 100m gehen, beginnt dort ein schöner Wanderweg zu einem Aussichtspunkt über einem kleinen Waldsee und dann zu „Sigges Kista", eine Räuberhöhle mit einer schauerlichen Geschichte.

Fahren Sie weiter nach Karlstorp und spätestens jetzt haben Sie sich eine Pause in der Karlstorp Gamla mejeriet verdient, einem sehr schönen Sommarcafé inklusive gut sortierter Retrobutik.

Auf dem höchsten Punkt Karlstorps können Sie sich noch eine sehr schöne Kirche aus dem 18. Jahrhundert anschauen. Sie wurde errichtet über einer älteren Kirche aus dem 13. Jahrhundert. 23 Jahre lang führte der schwe-dische Verein zur Förderung des Kirchturmhahns ("Svenska kyrktuppfrämjandet") eine jährliche Volksabstimmung zum schönsten Kirchturm des Jahres durch: der Hahn auf dem Glockenturm in Karlstorp belegte im Jahr 2000 den ersten Platz! Als sich der Verein zwei Jahre später auflöste, führte man eine Abstimmung über alle 23 Sieger durch, und Karlstorps Hahn wurde mit großem Abstand gekürt zum schönsten Kirchturmhahn Schwedens aller Zeiten!

Mehr Informationen:
www.kyrkoguidervaxjostift.se/vaxjostift_057.html
(Film über die Kirche in Karlstorp)
www.karlstorp.se

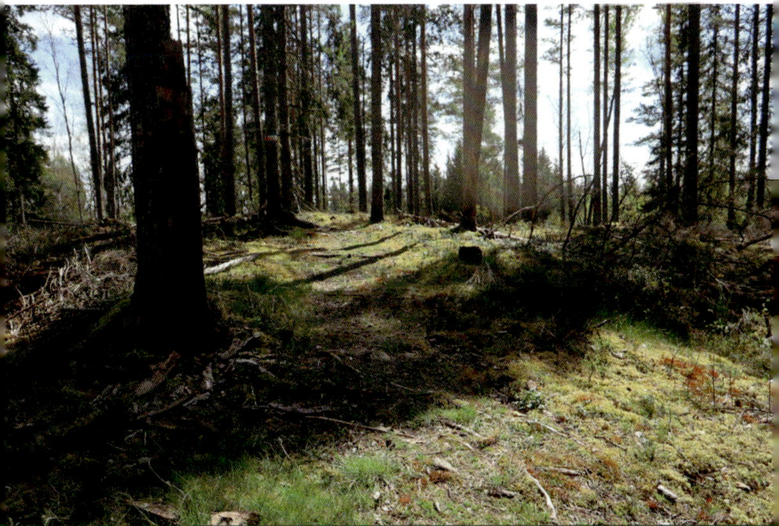

Naturjagd

Man einigt sich auf etwas, das gefunden werden soll: vier verschiedene Blumen, drei Sorten Laub, ein Zweig in Y-Form, je ein Stück in der Farbe rot / gelb / grün, etwas Dreieckiges (schwierig in der Natur!), etwas Weiches / Feuchtes / Glänzendes und so weiter. Schreibe die Aufgabe auf einen Zettel und bilde Teams. Jedes Team hat fünf Minuten Zeit, die entsprechenden Gegenstände zu finden. Wenn man zum Beispiel die Aufgabe stellt, von fünf verschiedenen Bäumen etwas zu finden oder von drei Bäumen und zwei essbaren Pflanzen, wird man sehr schnell feststellen, ob man sich in einem Naturreservat oder in einer Baumplantage befindet ...

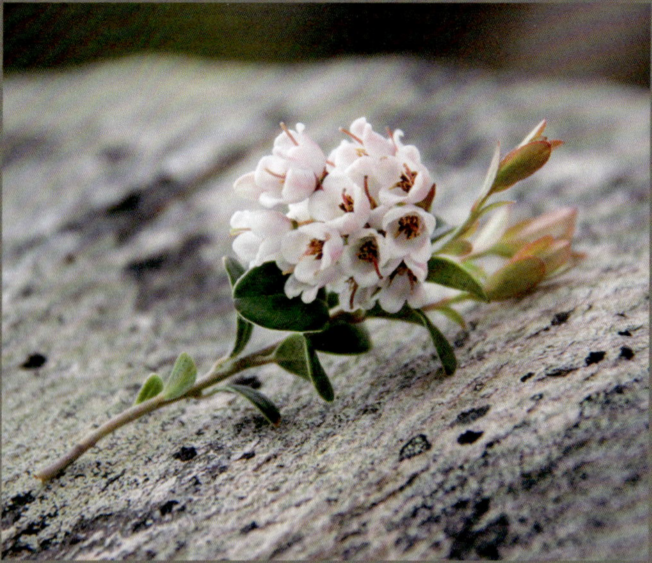

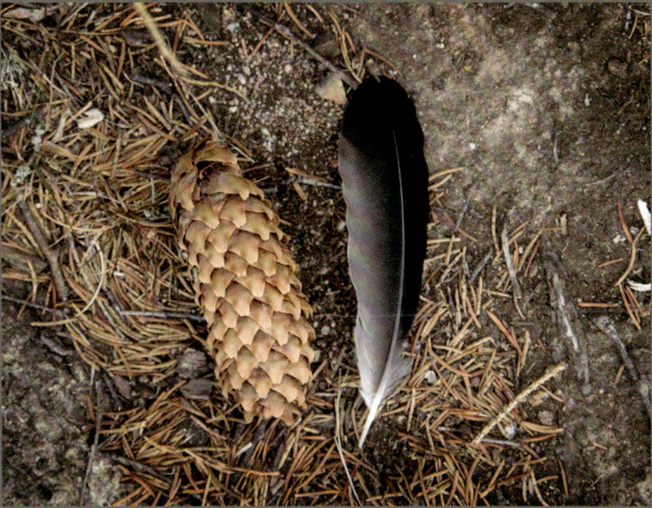

Natur Memory

Eine Person holt innerhalb drei Minuten fünf verschiedene Gegenstände aus dem Wald. Die an deren Spieler dürfen nicht wissen, wo genau die Gegenstände herkommen. Die Gegenstände, zum Beispiel ein Stück Birkenrinde, ein paar Tannennadeln, ein Pilz, ein Eichenblatt, ein Kleeblatt, werden auf den Boden gelegt und alle Spieler dürfen daran riechen, fühlen oder sie anschauen, um sich die Gegenstände einzuprägen. Nach dem Startsignal suchen alle nach genau solchen Gegenständen im Wald. Wer zuerst alle fünf gefunden hat, ist Gewinner. Auch hier kann man pädagogisch arbeiten, indem die erste Person fünf Gegenstände aus dem Naturschutzgebiet rechts vom Weg holt und die anderen Spieler diese dann in der Monokultur auf der anderen Seite finden sollen ...

3. Bråbygden

Bäuerliche Tradition und wertvolle Natur

Schwierigkeitsgrad: ◊
Zeitbedarf: 1 Stunde oder länger
Für Kinder: die Welt wie sie früher war

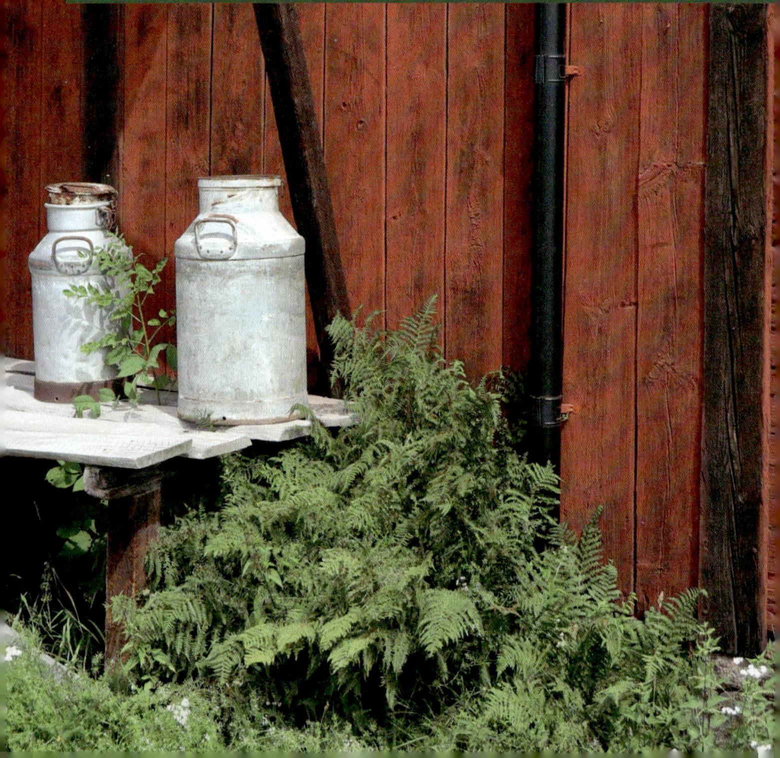

Entdecken Sie einen der idyllischsten Plätze Smålands! Sie sehen endlose klassische Smålandzäune mit traditionellen bäuerlichen Landschaften, mit Wiesen, Weiden und wertvollen Feuchtgebieten. Bewundern Sie hunderte, wenn nicht tausende Kopfbäume, die wie Skulpturen aus einer anderen Zeit in der hügeligen Landschaft stehen! Gehen Sie auf Trampelpfaden, auf denen noch heute die Kühe zum Melken getrieben werden und finden Sie eine Wolfsgrube!

Bråbygden ist eine Oase des historischen Småland mit einer sehr seltenen Flora und Fauna. Diese einzigartige Landschaft mit ca. 5 400 Hektar in Kristdala (Gemeinde Oskarshamn) umfasst 14 Dörfer. Der Bezirk ist als größte zusammenhängende Kulturlandschaft Smålands 1970 zum nationalem Interessengebiet Schwedens erklärt worden. Aber es ist auch ein sehr lebendiges ländliches Gebiet. Hier gibt es eine Elternkooperative mit einem preisgekrönten Kindergarten, der als erster Kindergarten in der Region Kalmar mit der „Green Flag" von der Stiftung „Håll Sverige rent" für seine vorbildliche Umweltarbeit ausgezeichnet wurde. Die Kinder haben einen eigenen Garten mit Gewächshaus und Hühnern, die Lebensmittel werden lokal und ökologisch eingekauft. Mehrere Wanderwege führen durch Bråbos wunderschöne Kulturlandschaft. Es gibt einen Badeplatz, der Abkühlung im Sommer bietet und Sie finden auch ein Café und Restaurant im Dorf. In der Mitte des Dorfes liegt das „Bråbo Naturcenter", ein Besucherzentrum neben Bråbos alter Schule. Hier können Sie eine Ausstellung besuchen und einen Garten mit vielen alten Nutz- und Zierpflanzen erkunden.

Starten Sie Ihren Ausflug von Hultsfred in Richtung Basebo (Straße 699, östlich vorbei am Campingplatz), fahren Sie auf dieser Straße bis Krokshult, ca. 25 km. In Krokshult biegen Sie links ab und nach etwas mehr als einem Kilometer fahren Sie rechts in Richtung „Fallebo". Übrigens, wenn man in Krokshult ist, könnte man auf der rechten Seite am Missionshaus parken, dort gibt es eine Informationstafel über einen der schönsten Wanderwege in der ganzen Region. Er ist knapp 20 km lang und bietet alles, was Smålands Schönheit ausmacht!

Aber heute fahren wir weiter nach Fallebo und jetzt beginnen kilometerlange Smålandszäune. Sie passieren Fallebo. Dann fahren Sie durch Träthult, hier gibt es einen sehr schönen, ca. 2-3 km langen Wanderweg, der einen eigenen Ausflug wert ist. Fahren Sie heute weiter nach Fallebotorp, Källeryd und Lilla Bråbo und dann biegen Sie rechts nach Stora Bråbo ab. Nach ein paar hundert Metern sehen Sie einen Parkplatz auf der rechten Seite, hier können Sie Ihr Auto parken. Auf der linken Seite sehen Sie das alte Schulgebäude. Neben dem Naturcentrum gibt es eine Informationstafel, hier können Sie auch eine Karte von den Wanderwegen mitnehmen . Die Wege sind gut markiert und zwischen 1,5 und 7 km lang. Wenn Sie alle Wege gehen wollen, werden es fast 20 Kilometer. Alle Abschnitte sind sehr schön und leicht zu begehen, aber vielleicht ist der allerschönste Weg der vorbei an Äpplekulla: Auf diesem Weg passieren Sie eine Wolfsgrube, ein renaturiertes Feuchtgebiet, schöne Häuser und einen Aussichtsplatz mit einer Bank, die zu einer kleinen Rast einlädt. Sie kommen vorbei an Hecken, beschnittenen Bäumen, Heuwiesen, Weiden, Steinmauern und all der schönen Kulturlandschaft, die dieses Gebiet so bekannt gemacht hat. Bevor Sie zurück zu Ihrem Auto gehen,

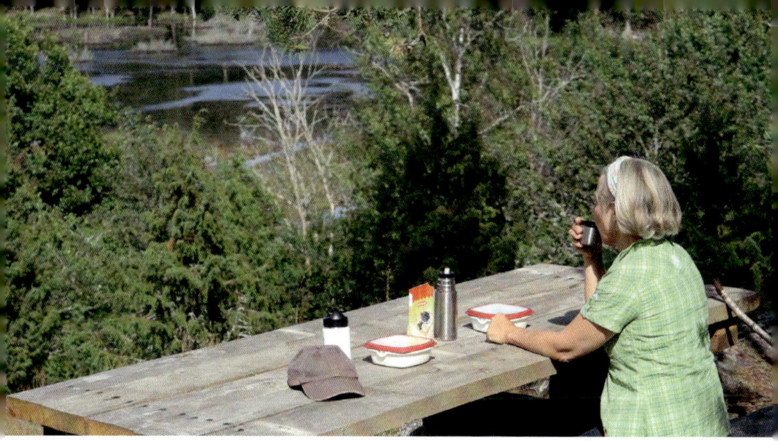

machen Sie gerne noch eine Pause im Dorfcafé und kaufen Sie regionale Produkte.

Empfohlene Rückfahrt: Nehmen Sie nicht den gleichen Weg zurück, sondern fahren Sie vorbei an der Abzweigung nach Fallebo und biegen etwa 700 m später nach links in Richtung Kristdala. Es ist ein sehr schöner, gewundener Weg und nach nur wenigen hundert Metern sehen Sie auf der linken Seite einen wunderbaren Badeplatz am Bråhultsjön. Hier gibt es Badesteg, Umkleidekabinen, Toiletten, Grill und eine hübsche Pergola mit Tischen und Bänken direkt am Wasser.

Fahren Sie weiter die Straße in Richtung Kristdala, ca. 5 km. Wenn der Wald sich öffnet, sehen Sie die ersten Häuser von Kristdala. Ungefähr hier sehen Sie auf der linken Seite ein kleines weißes Schild „Hälsokälla“. Stellen Sie das Auto ab und machen Sie einen kurzen Spaziergang, es lohnt sich! Am Ende des Weges ist ein Wendeplatz, gehen Sie auf dem kleinen Weg ca. 100 m weiter. Hier kommen Sie zu einer kleinen mit Steinen ein gefassten Quelle (GPS 57.393074, 16.183357).

Dies ist eine “Quelle der Dreifaltigkeit”, wo man sich in den Mittsommernächten trifft und wo sich dann nicht nur junge Leute amüsieren. Das Wasser fließt in Richtung Norden, wie es bei einer Gesundheitsquelle tunlichst der Fall sein sollte. Im 18. Jahrhundert wurde die Quelle mit ihrem eisenhaltigen Wasser zu Gesundheitskuren genutzt und im späten 18. und frühen 19. Jahrhundert baute man sogar ein Brunnenhaus und weiter unten am Pfarrhaus ein richtiges Badehaus!

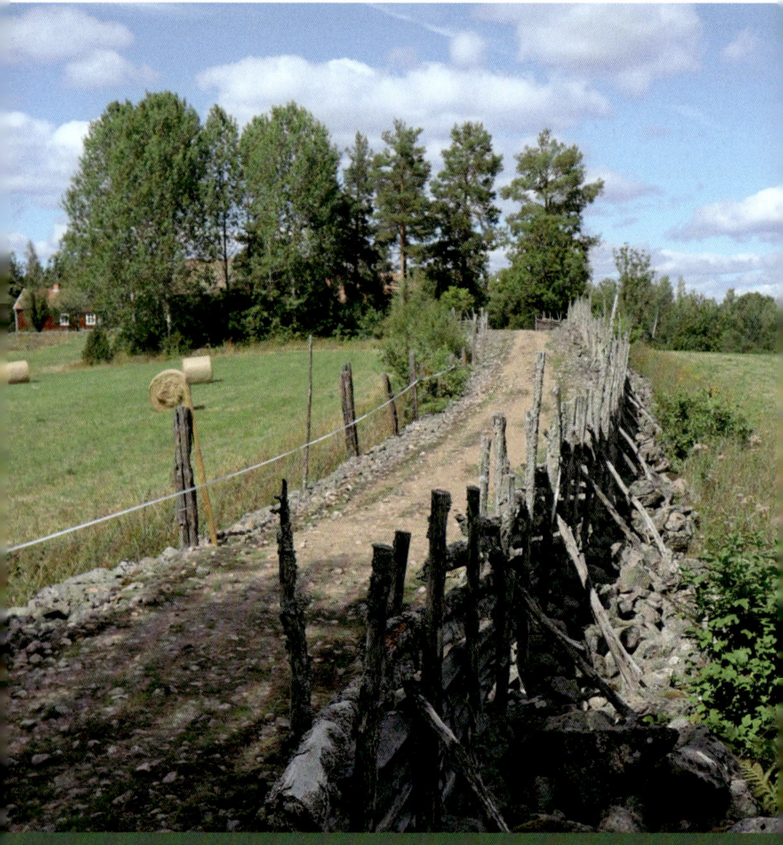

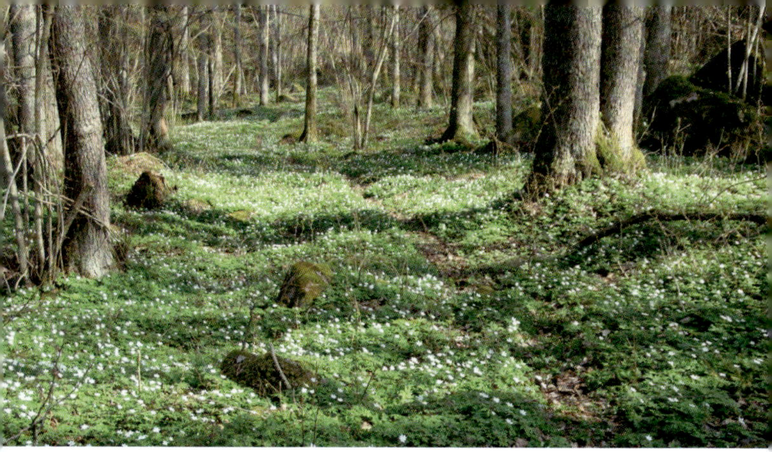

Gehen Sie zurück zum Auto und fahren Sie weiter in Richtung Kristdala. Das erste Haus auf der linken Seite ist das Stensö Pfarrhaus. Gegenüber befindet sich der „Sans souci Park“ (Sans souci: Ohne Sorgen) mit vielen kleinen verschlungenen Pfaden und Steinterassen. Der Park wurde in mehreren Etappen in den Jahren 1831-1854 von Carl Meuring, Mitglied einer Priesterdynastie in Kristdala seit 1582, angelegt. Die Anlage ist im Stil eines englischen Parks, vielleicht der einzige Park in diesem Stil in Småland! Mitten im Park steht ein Gedenkstein für Carls Enkel, Olof Meuring. Olof fiel während des spanischen Bürgerkrieges in der Mitte der 30er Jahre. Neben dem Stein gibt es einen Sitzplatz, wo vielleicht der Vater Dean Eric Meuring saß und um seinen Sohn trauerte ...

Das war die letzte Station für diesen Tag, wir wünschen Ihnen eine gute Heimfahrt!

Mehr Informationen:
www.brabygden.se
www.brabocafe.se
www.kristdalabygden.se

4. Hjertegruva

Wilde Grotte mit dunkler Geschichte

Schwierigkeitsgrad: ◊ ◊ ◊
Zeitbedarf: 1–2 h
Für Kinder: spannend, gruselig und unheimlich

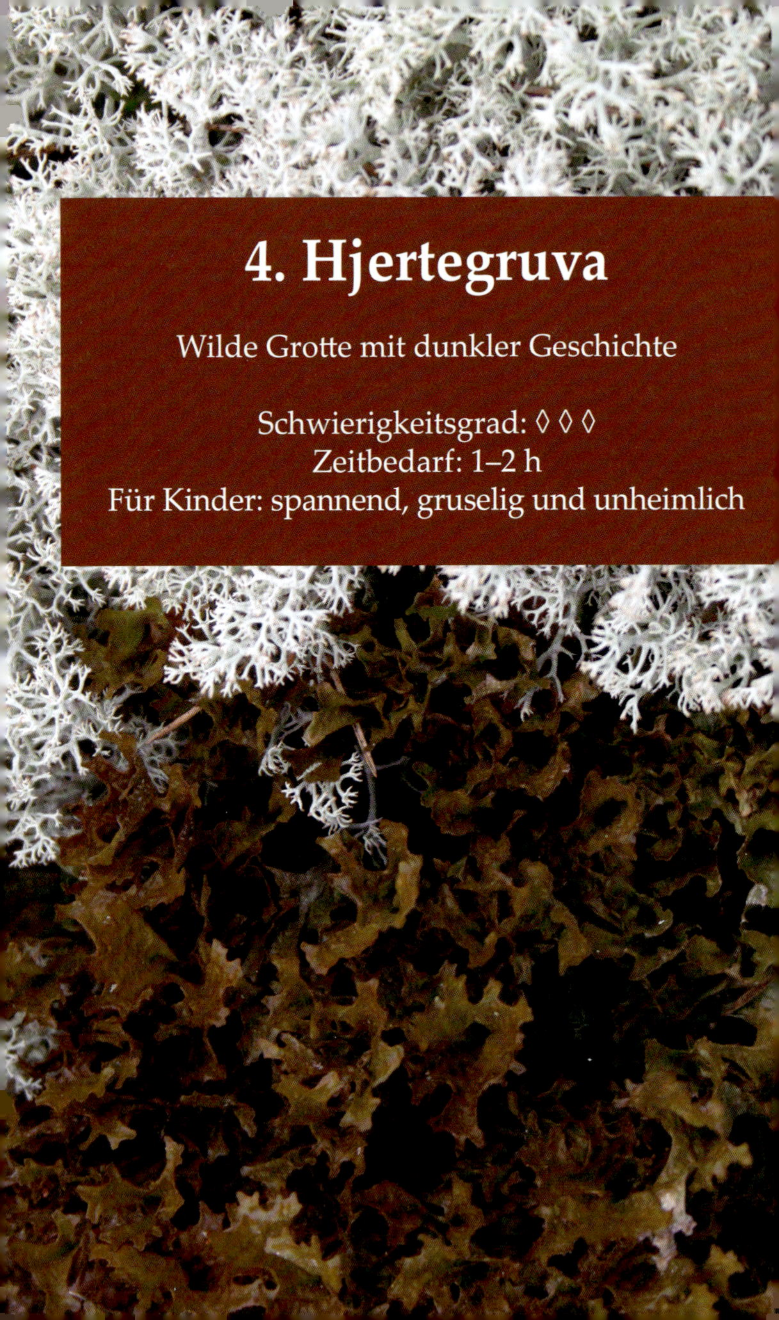

Etwa 20 km östlich von Hultsfred, in der Nähe von Vederhult, ist eine wilde, extrem steinige Gegend. Hier gibt es eine Höhle mit einer ganz besonderen Geschichte. Sie ist sehr schwer zu finden und es gibt keinen Weg dorthin. Für kleine Kinder kann der Weg gefährlich sein. Auf jeden Fall sind lange Hosen und gutes Schuhwerk erforderlich und verzichten Sie auf die Wanderung, wenn es nass oder feucht ist! Die Höhle ist nur ca. 3 x 3 m groß und 2 m hoch und es ist schwer, hinein zu kommen. Man muss über eine gewisse Geschmeidigkeit verfügen, um in die Höhle zu gelangen und dies noch mehr, um wieder heraus zu kommen!

Das Gebiet, in dem sich die Höhle befindet, ist wild und unberührt und nur schwer zugänglich. Aus diesem Grunde gab es hier nie kommerzielle Forstwirtschaft. Die Gegend ist voll mit Steinblöcken und Geröll, toten und umgestürzten Bäumen und es gibt seltene Pflanzen an schattigen Plätzen.

Warum heißt die Höhle aber „Hjertegruva"? Gustav Hjert und Konrad Tector waren zwei schwedische Raubmörder, die am 18. Mai 1876 durch Enthauptung hingerichtet wurden. Die Hinrichtungen waren die letzten öffentlichen Hinrichtungen in Schweden. Hjert und Tector lernten sich im Gefängnis auf Långholmen kennen. Sie beschlossen, nach ihrer Entlassung eine Postkutsche zwischen Malmköping und Eskilstuna auszurauben. Mit dem geraubten Geld wollten sie nach Amerika auswandern, wohin Tectors Bruder Alfred bereits 1873 emigriert war. Der Raub scheiterte jedoch, man hatte die Kutschen verwechselt. In dem Gewirr und der Aufregung erschossen Hjert und Tector dabei zwei "falsche" Personen, das

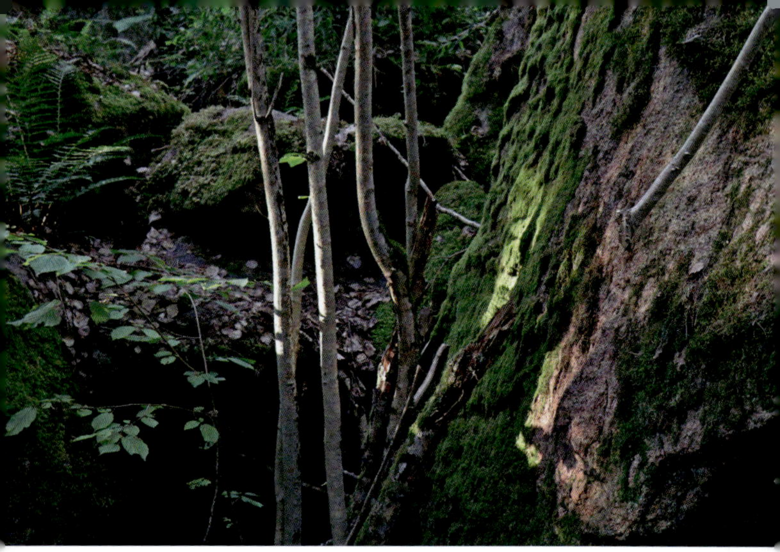

war am 31. August 1874. Sie flüchteten bis nach Oskarshamn, wo sie am 16. September 1874 ankamen. Auf dem Weg dorthin sollen die beiden sich in der „Hjertegruva" versteckt haben. In Oskarshamn überfielen sie die Smålands Enskilda Bank und drangen in den Tresorraum ein. Die Geldkisten waren sehr schwer zum Tragen, sodass sie die leichteste Kiste wählten. Als sie dann die Kiste später aufbrachen, waren nur Kreditunterlagen und Schuldscheindarlehen darin, völlig nutzlos für das Duo. Wieder war alles schiefgegangen! Sie zogen weiter auf die Insel Gotland, wo sie in Bauernhäuser und Kirchen einbrachen. Mit einem kleinen Fischerboot segelten sie mit dem Raubgut in Richtung Festland. Ein Zollboot steuerte auf sie zu und in Panik warfen sie alle geplünderten Wertgegenstände über Bord. Aber das Zollboot fuhr vorbei und ließ sie unbehelligt weiter segeln, während die gestohlenen Wertgegenstände, die zu einem neuen Leben in Amerika verhelfen sollten, langsam auf den Meeresboden sanken.

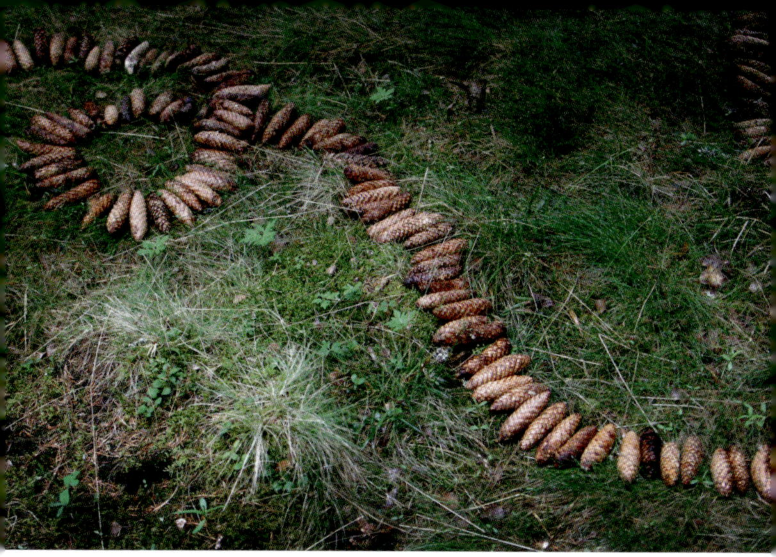

Ein paar Wochen später, am 5. November, wurden die beiden vom Pech verfolgten Missetäter, die vielleicht an Butch Cassidy und Sundance Kid erinnern, in Stockholm aufgegriffen. Sie gestanden und wurden zum Tode verurteilt.

So finden Sie die Hjertegruva: Verlassen Sie Hultsfred in östlicher Richtung, vorbei am Campingplatz, in Richtung Basebo, nach 8 km fahren Sie links in Richtung Brunsvik, nach 400 m rechts nach Brunsvik, 2 km später fahren Sie an der T-Kreuzung rechts (nicht ausgeschildert), Sie befinden sich nun auf einem schönen, kurvigen und uralten Handelsweg. Fahren Sie ca. 5 km weiter auf dieser Straße, bis Sie die asphaltierte Straße Vena–Kristdala erreichen, hier biegen Sie links ab. Nach etwa 600 m biegen Sie in eine kleine unbefestigte Straße auf der rechten Seite. Hier fahren Sie etwa 20 m weit hinein und stellen das Auto ab (GPS: 57.47482, 16.06762). Gehen Sie über die Brücke bergauf in Richtung der kleinen Hütte, kurz vor der Hütte biegen Sie rechts ab. Nach etwa 50 m sehen Sie ein kleines Haus auf der linken Seite. Sie lassen das Haus auf der linken Seite liegen und setzen die Wanderung auf dem Weg fort, der als nächstes einen kleinen Bach kreuzt. Sie kommen danach auf eine Wiese. Hier wird der Weg fast unsichtbar, aber Sie gehen immer geradeaus. Ihr Ziel ist der Berg direkt vor Ihnen (eventuell ein wenig nach links). Setzen Sie Ihren Weg noch etwa 200 m fort und halten Sie sich an der rechten Seite des Berges! Gehen Sie vorsichtig und passen Sie auf die immer mächtiger werdenden Steine auf! Dann kommt ein steiler kurzer Aufstieg, bevor Sie die Höhle erreichen. Sie liegt etwa 5 m unterhalb einer großen, senkrechten Felswand (GPS: 57.47683, 16.07511). Vor der Höhle ist ein kleiner Steinhaufen angeordnet, knapp 2 m rechts davon in Richtung der Felswand befindet sich der Eingang. Sie sehen den Eingang in die Höhle nur, wenn Sie wirklich direkt davor stehen! Haben Sie Geduld und geben Sie nicht auf, wenn Sie den Eingang nicht gleich finden können! Wenn Sie in der Höhle sind, finden Sie dort eine kleine Überraschung, mehr wird an dieser Stelle nicht verraten!

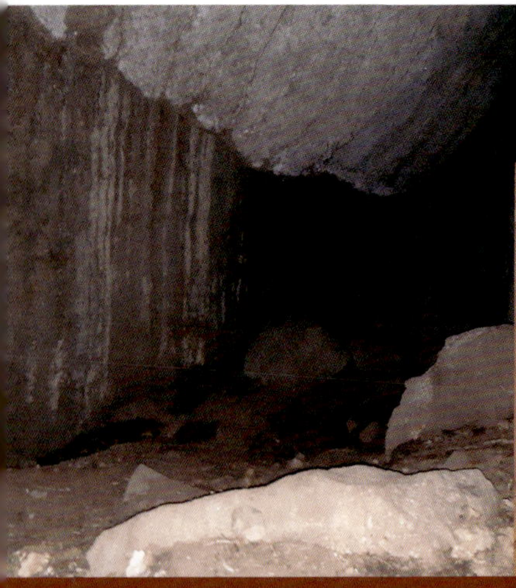

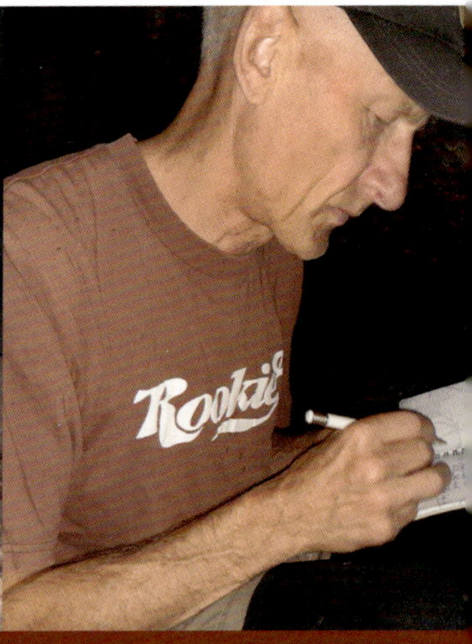

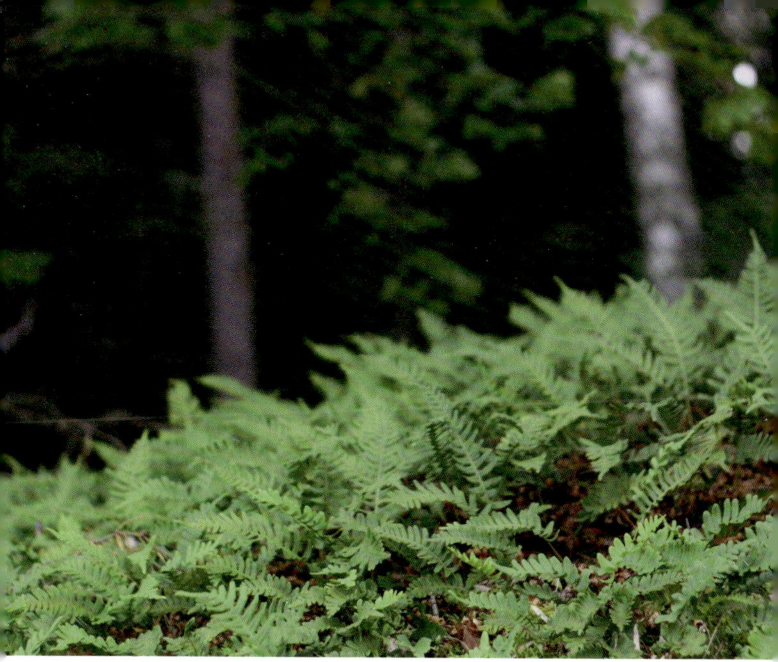

Nehmen Sie sich gerne etwas Zeit, um diese wilde Gegend zu erkunden. Wenn Sie ein längeres Stück gehen wollen, so können Sie querfeldein nach Norden bis zum Grytgölen gehen, ein kleiner, einsam gelegener und wunderschöner Teich mitten im Wald. Westlich vom Grytgölen gibt es einen sehr schönen Aussichtsplatz (GPS 57.482740, 16.075162). Seien Sie auch hier bitte vorsichtig, diese Tour ist nicht ungefährlich!

Mehr Informationen:
https://sv.wikipedia.org/wiki/Hjert_och_Tector
www.algonet.se/~hogman
www.svenskfilmdatabas.se/sv/item/?type=film&itemid=4985

5. Smålandstour

Von Basebo bis Bjärkhult

Schwierigkeitsgrad: ◊ ◊
Zeitbedarf: 0,5–3 h
Für Kinder: lustige Anekdoten von früher

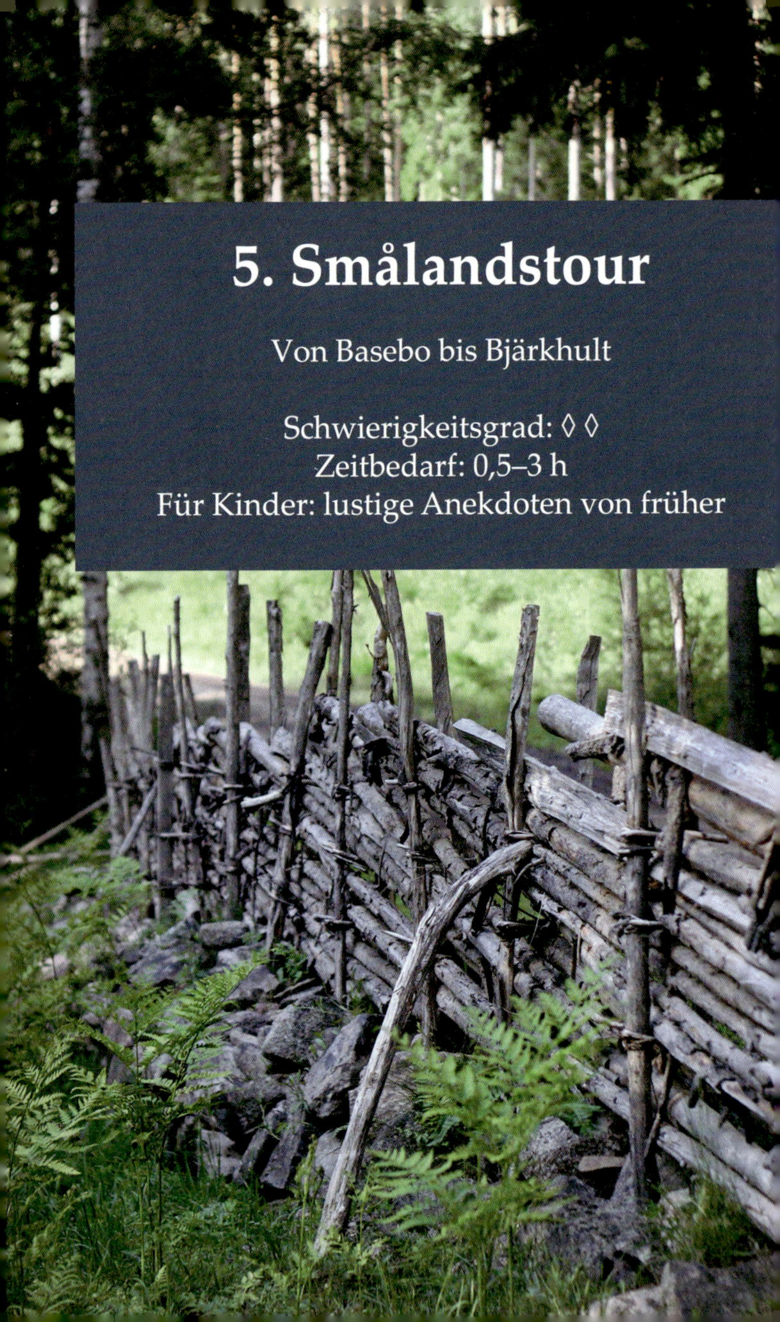

Etwa 10 km östlich von Hultsfred gibt es ein Gebiet, das in vielerlei Hinsicht typisch für Småland ist. Hier finden Sie die klassischen kleinen roten Häuser, schöne Seen, tiefe Wälder, moderne Forstwirtschaft, mächtige Tannen, geheimnisvolle Quellen, alte Ruinen und aufgegebene Felder.

Unser Vorschlag besteht aus mehreren Teilen, Sie können diese miteinander verbinden (insgesamt ca. 3 Stunden) oder Sie wählen einzelne Teile, die Ihnen am besten gefallen oder die besonders interessant für Kinder sind. Die größeren Strecken legen Sie mit dem Auto zurück und natürlich können Sie das Auto immer kostenlos und überall abstellen, um weiter zu Fuß zu gehen.

Von Hultsfred fahren Sie östlich (Straße 699) in Richtung Basebo, vorbei am Campingplatz in Hultsfred. Nach 8 km biegen Sie nach links ab (Schild Brunsvik). Kurz darauf passieren Sie ein großes Haus auf der linken Seite (GPS 57.47679, 15.95912). Das ist Basebos Schule, von 1910 bis 1955 wurde hier gelehrt und gelernt, hier gingen einmal über 50 Kinder in die Schule!

Hundert Meter hinter der Schule biegen Sie nach rechts ab (Schild Brunsvik). Nach etwa 1 km erreichen Sie Brunsvik. 300 m weiter gabelt sich die Straße, halten Sie sich bitte links. Sie überqueren hier den Lönneberga-Wanderweg, dessen orange Markierung Sie links und rechts des Weges sehen. Wenn Sie den "Lönnebergaleden" von hier aus etwa 1 km nach rechts gehen, kommen Sie zu einem hochgelegenen Aussichtsplatz mit Blick über den See Nerbjärken, gehen Sie ihn nach links, so kommen Sie durch ein schönes Waldgebiet bis nach Tjärnshult (siehe unten).

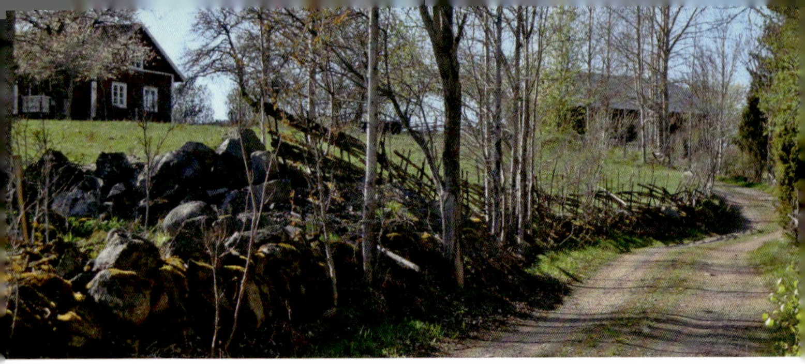

Sie fahren jedoch weiter auf der Schotterstraße, auf der rechten Seite sehen Sie ein kleines, verlassenes Haus, die „Kvarn stugan“. Wenn Sie genau hinschauen, können Sie hinter dem Haus die Überreste einer alten Mühle am Bach sehen. Sie können gerne dorthin gehen, aber bitte respektieren Sie den Privatbesitz des Areals. Setzen Sie den Weg etwa 300 m fort, an den Briefkästen biegen Sie links ab. Nach weiteren 100 m können Sie das Auto abstellen (GPS 57.484319, 16.000248). Sie gehen die Straße etwa 50 m weiter bergan und dann rechts durch die Öffnung im Zaun. Jetzt sind Sie auf altem Kulturland, beachten Sie die Steinhügel und alten Steinmauern und die besondere Vegetation! Sie sehen den großen Baum auf der linken Seite, der aus einem Steinhaufen gewachsen ist, er hat gute Chancen, ein echter Riese zu werden. Gehen Sie weiter geradeaus. Der Weg wird fast unsichtbar, aber halten Sie die Richtung (bleiben Sie einfach auf der gleichen Höhenlinie), und kurz bevor der Wald beginnt, wird der uralte Fahrweg wieder erkennbar. Nur 20 m weiter kommen Sie an eine nie versiegende Quelle mit dem Namen „Bullerkällan“ (GPS 57.4874, 15.99639). Angeblich kann man ein tickendes Geräusch („buller“) hören, wenn das Wasser aufsteigt. Früher galt sie als heilige Quelle, das Wasser schmeckt außergewöhnlich gut und ist herrlich erfrischend, probieren Sie!

Jetzt folgen Sie dem Quellbach und nach etwa 30 m, also kurz vor der Talsohle, gibt es mächtige Tannen. Es sind zwei Erwachsene nötig, um den größten Baum umfassen zu können: er hat in Brusthöhe einen Umfang von genau 3 m! Sie gehen wieder zurück, links an der Quelle vorbei, und folgen dem kleinen Trampelpfad hinauf zu der Scheune, von der Anhöhe aus haben Sie einen schönen Blick über Tjärnshult. Biegen Sie nach links und gehen Sie zurück zum Auto. Sie fahren zurück auf die „Hauptstraße" und biegen an dieser links ab, Sie setzen den Weg also weiter in dieselbe Richtung fort, aus der Sie gekommen sind. Nach 300 m kommen Sie an eine T-Kreuzung, parken Sie hier das Auto auf der rechten Seite.

Direkt gegenüber ist eine kleine Wiese, wo einst das Haus „Lidhult" stand. Wie so viele andere Holzhäuser in Schweden wurde auch dieses nach dem zweiten Weltkrieg (1947) abgerissen, um mit dem Brennholz durch den kalten Winter zu kommen. Zu Lidhult gehörte auch ein Holzschuppen, ein Schweinestall, zwei Scheunen und ein Erdkeller, dessen Reste noch gut zu sehen sind (auf der anderen Straßenseite). In ihm verwahrte man Essen vor allem während des Sommers, im Winter benutzte man einen Keller unter dem Haus, zu dem man über eine Luke im Boden hinabstieg.

Während der Hungerjahre des 19. Jahrhunderts wohnte hier die sehr religiöse Amanda Nilsson, die als Näherin in Brunsvik arbeitete. Sie lebte einsam mit ihrer Tochter Hilma, seit ihr Mann nach Amerika emigriert war und nie von dort zurückkehrte und auch sonst nicht von sich hören ließ. Wenn Sie der Straße vor dem Haus ca. 20 m nach Norden folgen, finden Sie nur 2 m von der Straßenkante entfernt die Quelle, die zu Lidhult gehört. Sie sieht ganz unauffällig aus, wie eine kleine Wasserpfütze, aber sie ist 1,5 m tief und seien Sie vorsichtig, wenn Sie an ihrem Rande stehen! Immer wenn Amanda Besuch bekam, ging sie auf die felsige Anhöhe hinter dem Haus und füllte den Kaffeekessel mit Regenwasser, das sich dort in den Vertiefungen und Ritzen angesammelt hatte. Man sollte glauben, dass das saubere und frische Quellwasser den Gästen lieber gewesen wäre, aber für Amanda gab es nichts besseres und reineres als dieses Wasser, das direkt vom Himmel gekommen war – von Gottes Wohnstatt. In dem Wasser der Quelle, das aus der Tiefe der Hölle kam, wohnte hingegen der Teufel ...

Folgen Sie also weiter der Straße, Sie sehen auf der rechten Straßenseite einen Wegstein dieses uralten Handelsweges zwischen Kristdala und Vena. Die nur noch teilweise erkennbare Steininschrift stammt aus dem 17. Jahrhundert!

Nach weiteren 100 m gehen Sie am Rand der Wiese nach links. Folgen Sie diesem Weg nach oben, nach vielleicht 200 m verschwindet er im Wald. Gehen Sie weiter, halten Sie sich anfangs ein wenig und dann etwas mehr nach rechts. Gehen Sie immer weiter nach oben! Plötzlich haben Sie die Kuppe erreicht und von hier aus haben Sie einen herrlichen Blick weit über unsere småländische Landschaft.

Sie sehen den See „Ver“, fast endlose Wälder und kaum etwas anderes. Machen Sie gerne eine Kaffeepause hier oben, es gibt ein Brett, das gut als Bank dienen kann. Gehen Sie auf dem gleichen Weg wieder zurück. Wenn Sie wieder unten auf der Straße sind, gehen Sie nach links.

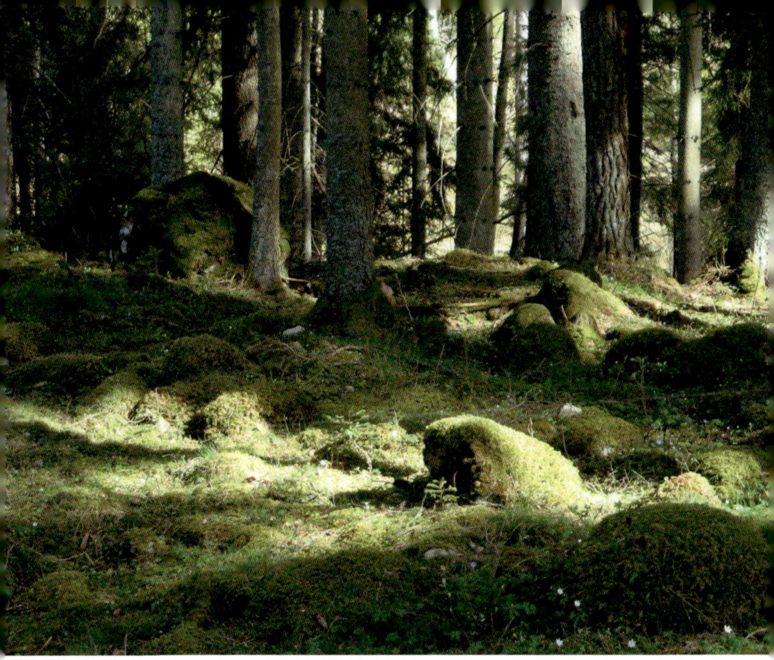

Nach 300 m kommen Sie zu einem kleinen roten Haus auf der rechten Seite (GPS 57.489758, 16.004222). Das ist die Kate Äspebäcken. Hier lebte bis zum 18. Juli 1959 Ferdinand Nordenstam, ganz allein, ohne fließendes Wasser und ohne Strom. Er zog in diese Kate, als er neunzehn Jahre alt war, mit seinen Eltern und drei weiteren Geschwistern sowie einem Untermieter. In dieser kleinen Kate lebten also einst sieben Personen! Sein Vater war Schmied, er hatte eine kleine Werkstatt im Haus und seine Mutter reparierte Fischernetze auch noch irgendwo in der Kate. Können Sie sich das vorstellen? Ferdinand lebte hier bis zu seinem 72. Lebensjahr. Als er dann schließlich wegen eine Grippe ins Altenheim Vena sollte, brach er auf dessen Treppe tot zusammen.

Hier gibt es einen interessanten Wanderweg auf den Spuren Ferdinands hinunter zum See Ver, ca. 2 km lang: Folgen Sie den Markierungen, die an der Straße neben dem Grundstück beginnen. Wenn Sie genau schauen, können Sie nach einigen Metern Reste eines angelegten Weges sehen, hier ging Ferdinand vermutlich vor 100 Jahren zu seinem Acker und zum See Ver zum Fischen. Nach weiteren ca. 100 m gibt es eine Abzweigung nach links (markiert, rechterhand sehen Sie einen kleinen Steinhaufen), die zu einer Steinklippe mit Aussicht nach Furuvik führt (seien Sie vorsichtig wenn Sie Kinder dabei haben). Auf dem weiteren Verlauf des Pfades beachten Sie die vielen Haselnussstauden und Eichen, ein deutliches Zeichen, dass hier einstmals eine offene, bäuerliche Kulturlandschaft gewesen sein muss. Man konnte von hier aus schon den See sehen!

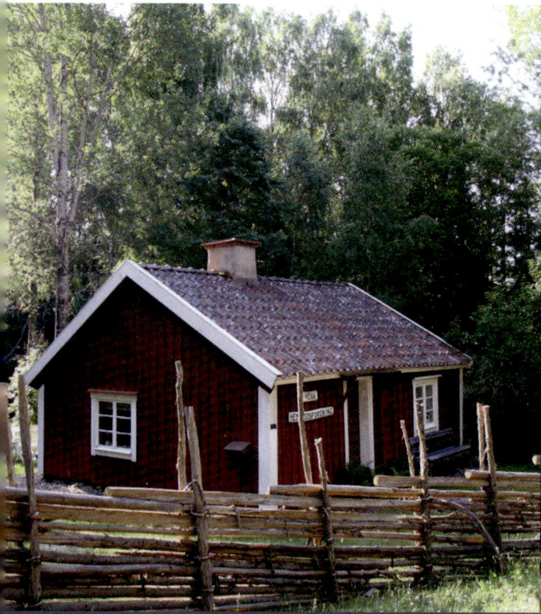

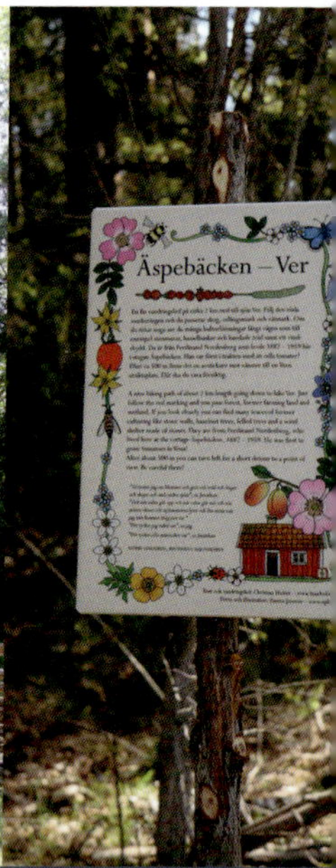

Etwas später, kurz vor dem Ende der Gefällstrecke, gehen Sie entlang einer Steinmauer. Hier gab es vielleicht einen Acker mit Hafer oder Kartoffeln. Bevor sich der Wald auf die Wiesenlandschaft hin öffnet, kann man vermutlich Reste eines Steinfundamentes sehen, vielleicht von einer Wiesenscheune oder von einem Bootshaus. Vor gut 100 Jahren begann nämlich hier schon der See Ver, der 1907 abgesenkt wurde, um neues Ackerland zu gewinnen. Jetzt muss man die Wiesen überqueren und folgt der Markierung weitere ca. 500 m, bis man zum See gelangt. Hier ist eine Feuerstelle und ein Boot des Autors, das Sie gerne benutzen dürfen.

Sie gehen nun denselben Weg zurück bis zur Kate „Äspebäcken“. Nun links zurück zum Auto, Sie können Überreste der alten Schmiede von Ferdinands Vater auf der rechten Seite erkennen. Gehen Sie an Ihrem Auto vorbei, weiter geradeaus, auf der Brücke über den Bach. Hinter dem Bach geht nach ca. 300 m rechts ein Weg in den Wald, an dieser Weggabelung steht eine dicke, alte, abgestorbene Eiche (GPS 57.482972, 16.010204). Gehen Sie zum Stamm und probieren Sie aus, wie viele Menschen sich in ihm verstecken können! Eichen können über 1 000 Jahre alt werden, diese hier ist vielleicht 500–800 Jahre alt. Auch wenn sie abgestorben ist, ist sie noch immer sehr wichtig für andere Arten. Es wird geschätzt, dass rund 1 500 verschiedene Arten mehr oder weniger abhängig von Eichen sind! Man sagt, dass eine Eiche 300 Jahre lang wächst, dann stirbt sie 300 Jahre lang und dann ist sie noch einmal 300 Jahre lang tot. Während dieser drei Phasen leben und gedeihen verschiedene Organismen im Ökosystem des Baumes. Dabei ist der Baum gleich wertvoll, egal ob er gesund, am Absterben oder tot ist.

6. Grönudde

Verlassene Kate im Urwald

Schwierigkeitsgrad: ◊ ◊ ◊
Zeitbedarf: mindestens 2 Stunden
Für Kinder: ein richtiger Urwald mit umgestürzten Bäumen

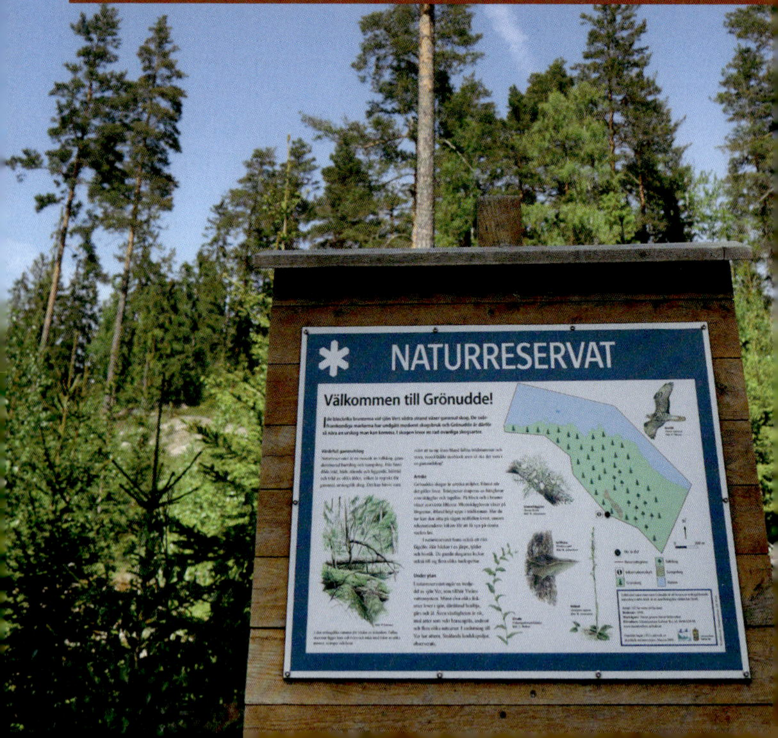

Das Naturschutzgebiet Grönudde ist gut 10 km östlich von Hultsfred am See Ver gelegen. Es ist schwer zugänglich, oft steil und steinig, aber auch sumpfig und dichtbewachsen an anderen Stellen. Das ist wohl auch der Grund, dass sich die Forstwirtschaft nie richtig für dieses Gebiet interessiert hat und es sich zu einem urwaldähnlichen Biotop entwickeln konnte. Es gibt hier große Mengen totes Holz, mächtige Bäume, seltene Pflanzen, viele verschiedene Baumarten, reichlich Pilze und überhaupt eine sehr artenreiche Fauna und Flora. Und in der Mitte des Waldes versteckt sind Reste einer sehr alten und vor langer Zeit verlassenen Kate, schwer zu finden, aber ein ganz besonderes Erlebnis. In diesem Naturschutzgebiet gibt es viele seltene Moose und Pilze. Seltene Käfer wie den Pappelprachtkäfer, den Großen Erlenprachtkäfer und den Bockkäfer (Tragosoma depsarium) können Sie hier finden. Vögel wie z.B. der Singschwan, der Wespenbussard, das Haselhuhn, das Auerhuhn, die Schwanzmeise und der Fichtenkreuzschnabel und verschiedene Spechtarten nisten hier. Der sehr artenreiche See Ver beherbergt auch einen kleinen Krebs (Mysis relicta) noch aus der Zeit, als sich die Gletscher zurückzogen nach der Eiszeit. Auch der Fischotter – Smålands Wappentier – ist hier zu Hause.

Das 102 ha große Naturschutzgebiet wurde 1998 vom Staat gekauft. Das Naturschutzgebiet wird seitdem vom Land (Region Kalmar) und der Naturschutzbehörde (Staat) verwaltet.

Achtung! Nehmen Sie unbedingt eine Wanderkarte (und ein GPS-Gerät falls vorhanden) mit, es gibt keine Straßen und Wege, und es kann schwierig werden, sich zu orientieren. Stellen Sie sich auf fast undurchdringliche Abschnitte ein und seien Sie auf das Klettern über Steine und Felsbrocken vorbereitet. Nehmen Sie etwas zu trinken und zu essen und ein Handy für Notfälle mit. Sie fahren östlich von Hultsfred auf der Straße 699 in Richtung Basebo, vorbei am Campingplatz. Nach etwa 8 km biegen Sie links ab nach Brunsvik, 300 m weiter geht es dann rechts nach Brunsvik und Sie folgen nun dieser Straße 3 km, bis Sie an eine T-Kreuzung gelangen, an der Sie nach rechts abbiegen. (Hinweis: Es gibt eine Menge zu sehen entlang dieser Strecke. Informationen dazu finden Sie im vorigen Kapitel 5 „Smålandstour"). Folgen Sie der sehr schönen und sehr kurvenreichen Straße durch Bjärkhult und an der Abzweigung Grönäng vorbei, sie ist ein viele hundert Jahre alter Handelsweg. Nach ca. 1,5 km biegen Sie links ab, dem Schild „Grönudde" folgend. Fahren Sie den Forstweg bis zu seinem Ende (GPS 57.47824, 16.03979), dort finden Sie eine Informationstafel.

Klettern Sie auf den Kamm links (südlich) vom Wendeplatz. Verlangsamen Sie Ihr Tempo, wenn Sie den Gipfel erreichen und gehen Sie vorsichtig bis an den Abgrund: Sie sehen richtigen Urwald zu Ihren Füßen! Gehen Sie nach rechts auf dem Kamm und gehen Sie Richtung Wendeplatz, hier kann man den Hügel umrunden. An seinem Fuß können Sie auf einem Wildpfad in das Reservat eintauchen. Dieser Pfad ist anfangs recht gut zu erkennen, aber er verliert sich rasch in viele kleinere Seitenpfade. Achten Sie auf all die Steine, Wurzeln, Bäume und Pflanzen, der Variationsreichtum der Natur ist enorm! Hier leben sicher Kobolde und andere Wesen des Waldes, seien Sie freundlich zu ihnen und zur Natur und bewegen Sie sich vorsichtig und mit Respekt.

Es dauert etwa eine halbe bis ganze Stunde, um an den See Ver zu gelangen. Sie halten sich dann links. Nach einer weiteren halben Stunde entlang des Ufers kommen Sie an eine Stelle mitten im Wald, wo es in der Vergangenheit ein Haus gab (GPS 57.48369, 16.04049), weniger als 100 m vom Ufer des Sees entfernt. An dieser Stelle ist eine kleine Landzunge mit vorgelagerter Insel, das kann Ihnen helfen, den Platz zu finden. Das erste, was Sie bemerken werden, sind die Wacholderbüsche und die alten Obstbäume auf einer offenen, felsigen Anhöhe, die sich deutlich vom Rest der Umgebung unterscheidet. Auf der vom See abgewandten Seite sehen Sie am Fuß der Anhöhe die Überreste von Fundamenten eines Erdkellers und eines kleinen Wirtschaftsgebäudes sowie Reste des Hauses mit einem Schild „Grönudde". Man kann auch noch erkennen, wo einst landwirtschaftliche Nutzfläche war.

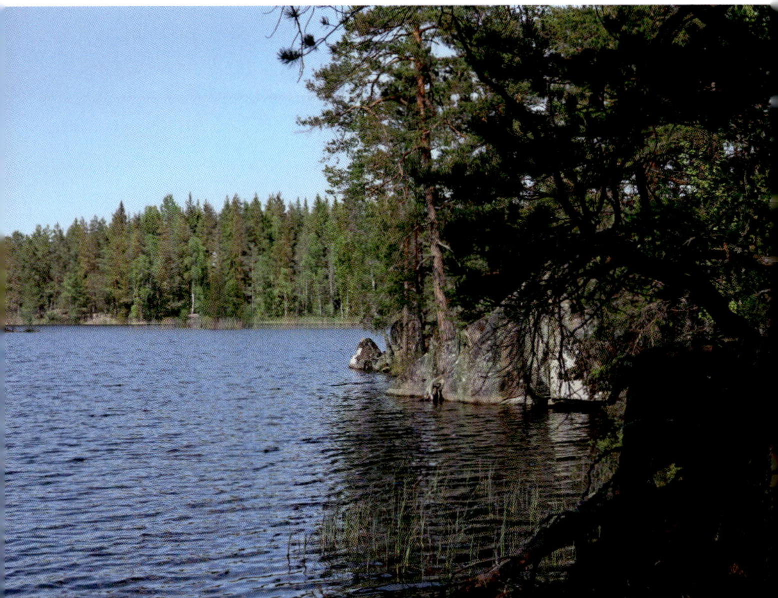

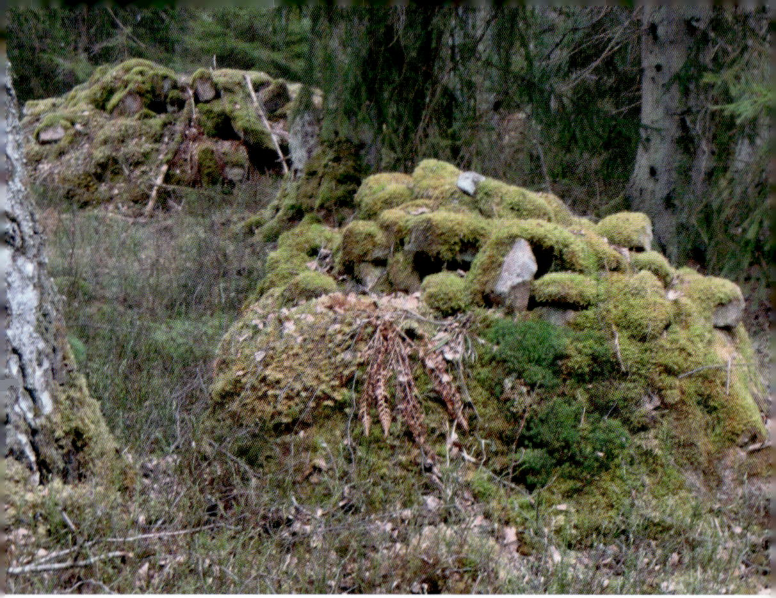

Hier lebte Karl Peter Nordenberg bis 1906, ohne Straße und fast ohne Verbindung zum Rest der Welt. Im Winter konnte man Lasten über das Eis des Sees und im Sommer mit dem Boot transportieren. Sie waren bis zu 12 Personen hier, so wird erzählt, und eines der Kinder war Ferdinand Nordenberg, der letzte Bewohner des Hauses „Äspebäcken" (auf dem Weg nach Vena, siehe Kapitel 5 „Smålandstour"). Warum Karl Peter sich entschied, hier zu leben, ist schwer zu verstehen, wenn Sie sehen, wie unzugänglich und schwer zu bearbeiten das Land hier ist. Es gibt eine Vermutung, dass er zusammen mit einer Roma lebte (der Name "Liv" seiner Frau läßt das jedenfalls erahnen), das war nicht gern gesehen in der damaligen Zeit. Vielleicht veranlasste ihn dies, ein zurückgezogenes Leben zu führen. Stellen Sie sich vor, wie hart und ungerecht die Gesellschaft damals war! Und welches Leben haben Roma und Sinti heute?

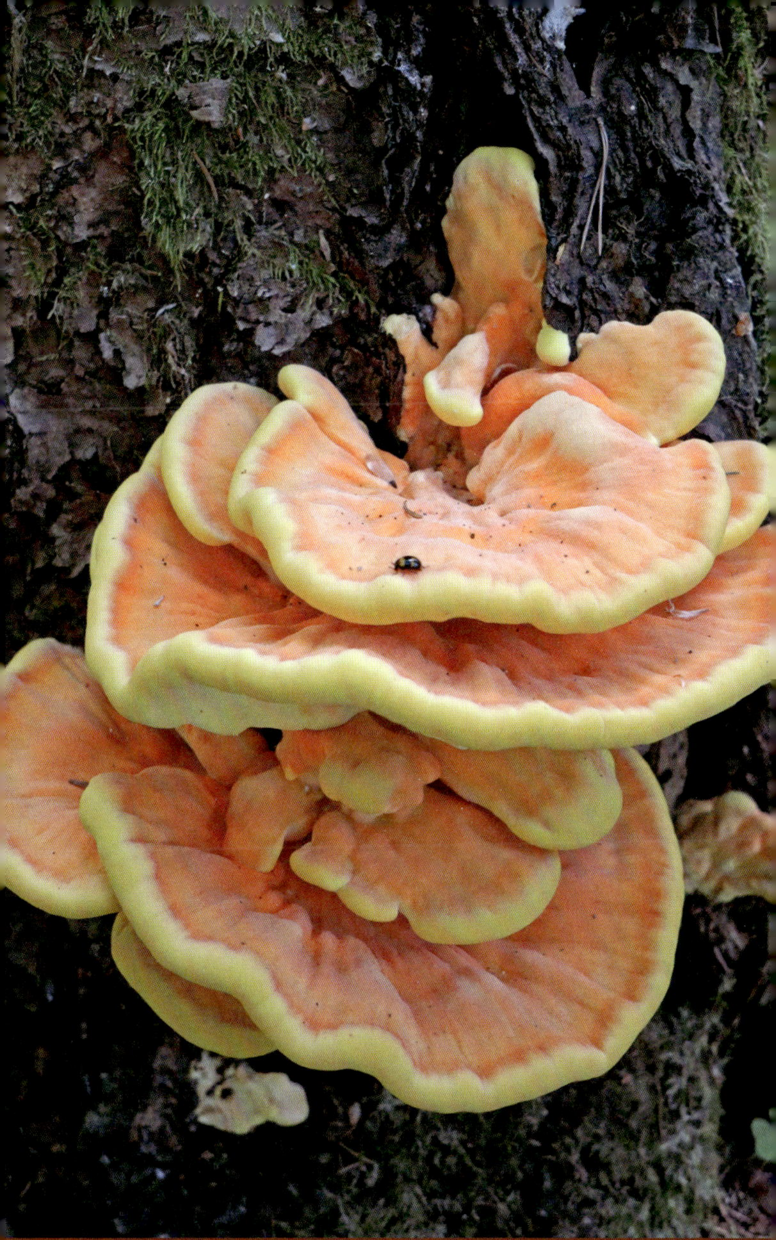

Wir empfehlen, von hier aus zurück zum Auto zu gehen. Dazu wandern Sie in südwestlicher Richtung, sozusagen auf geradem Wege weg vom See. Sie können auch noch ein Stück weiter entlang des Sees gehen, aber es wird dann sehr steinig und mühsam zu gehen. Nach ein paar hundert Metern kommen Sie an einen kleinen Bach. Er bildet die Grenze des Reservates und das können Sie auch sofort an der Vegetation auf der anderen Seite des Baches erkennen. Aber wenn Sie, wie empfohlen, direkt von den Siedlungsresten aus in Richtung Südwest gehen, lichtet sich der Wald nach ein paar hundert Metern. Sie sehen rund 40 Steinhügel und Reste einer anderen Kate, Strängshult. Hundert Meter weiter werden Sie hoffentlich Ihr Auto sehen, das bedeutet, Sie haben den richtigen Weg gefunden! Wenn Sie Ihr Auto nicht sehen sollten, stoßen Sie vermutlich auf die alte Handelsstraße, auf der Sie gekommen sind. Sie gehen dann auf dieser Straße zurück zum Weg nach Grönudde.

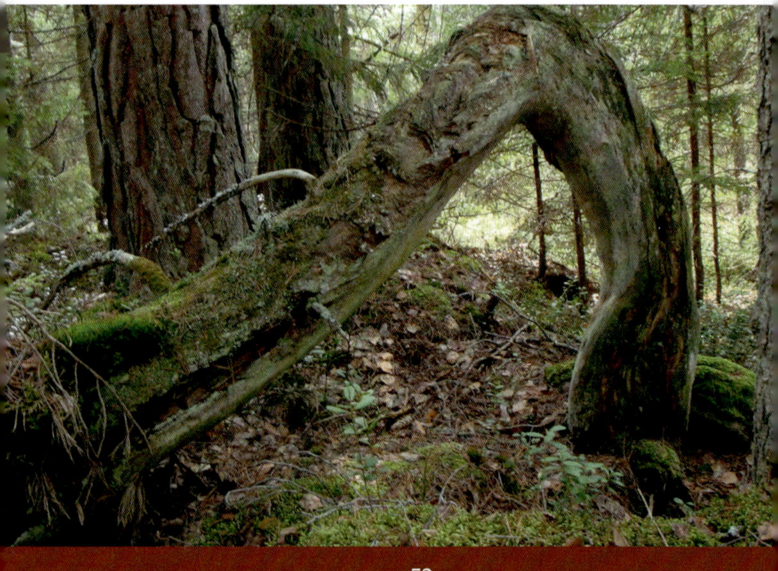

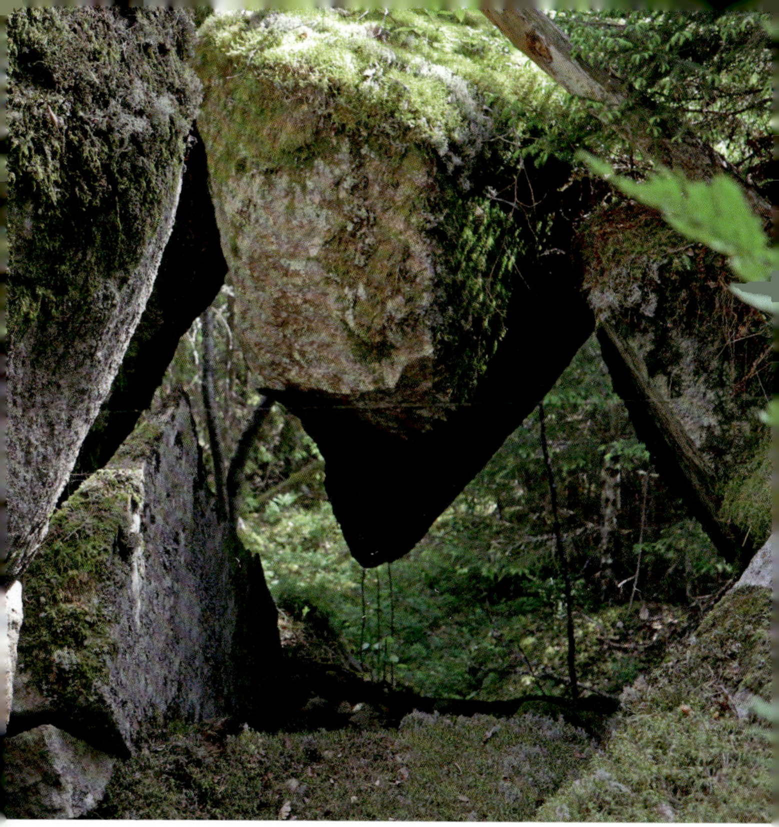

Leider gibt es in Småland praktisch keinen Urwald mehr. Wenn Sie hier in der Gegend weitere, zumindest urwaldähnliche Gebiete erkunden wollen, sind in Vimmerby der Norra Kvill Nationalpark interessant (erschlossen, Wanderwege und Infotafeln) und in Hultsfred gibt es das Kraskögle Naturreservat (wild und unzugänglich).

Mehr Informationen:
www.lansstyrelsen.se/kalmar

Blaubeerpfannkuchen

für 2 Personen

Rühre 1 dl Milch, 1 Ei und 1 dl Mehl zusammen. Gib etwas Butter und eine Prise Salz dazu. Lasse den Teig eine viertel Stunde stehen. Währenddessen kannst du dich auf den Rücken ins Moos legen und dem Flüstern des Windes in den Baumkronen lauschen. Dann gib eine Faust voll Blaubeeren in den Teig. Erhitze Butter in der Pfanne, warte bis sie richtig heiß ist und gib dann den Teig in die Pfanne. Wende den Pfannkuchen, wenn die Oberseite fest geworden ist. Serviere gerne mit gezuckerten Blaubeeren und geschlagener Sahne. Guten Appetit!

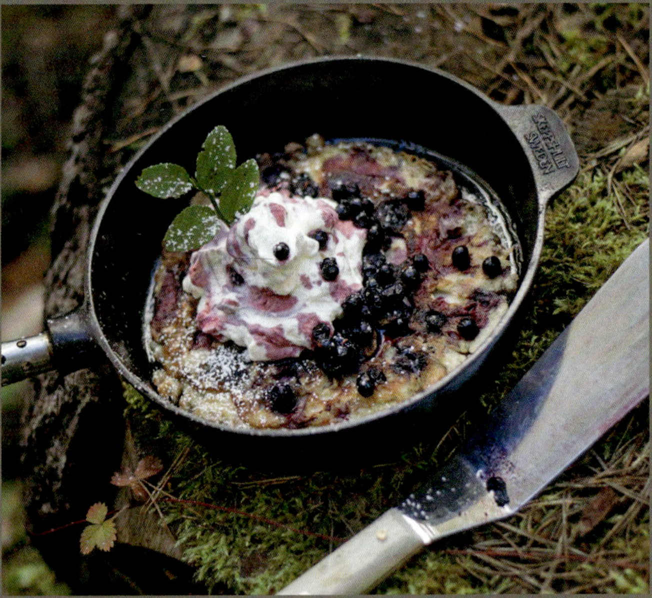

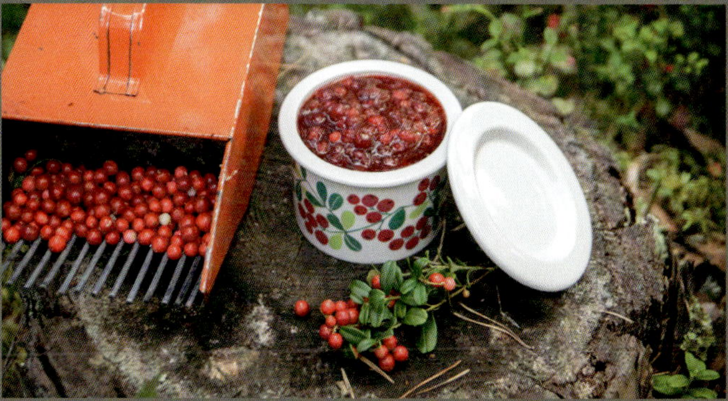

Preiselbeermarmelade

(lingonsylt, krösamos)

In Småland gibt es reichlich Preiselbeeren, das rote Gold des Waldes. Noch um die vorletzte Jahr hundertwende waren Preiselbeeren ein wichtiges Einkommen, man pflückte Preiselbeeren, um sie unter anderem nach Deutschland zu exportieren. In Småland nennt man Preiselbeeern auch Krösa-Beeren und davon hat Krösa-Maja bei Astrid Lindgren ihren Namen.

Gib 1 Liter Preiselbeeren und 1 Liter Wasser in einen großen Topf. Langsam erhitzen, auf mitt lerer Wärme 15 Minuten sieden lassen. Nimm den Topf von der Platte und rühre vorsichtig 3 dl Zucker ein, bis er sich gelöst hat. Dann den Topf wieder auf die Herdplatte und weitere 10 Minuten sieden lassen. Nimm den Topf von der Platte und lasse ihn einige Minuten stehen. Fülle die Marmelade in gut gereinigte Schraubdeckel-Gläser, verschließe sie sofort und drehe sie um. Auf dem Kopf stehen lassen, bis die Marmelade kalt ist.

7. Högarp

Geschützte Kulturlandschaft

Schwierigkeitsgrad: ◊
Zeitbedarf: 1 Stunde bis ganzer Tag
Für Kinder: ein Ausflug in alte Zeiten

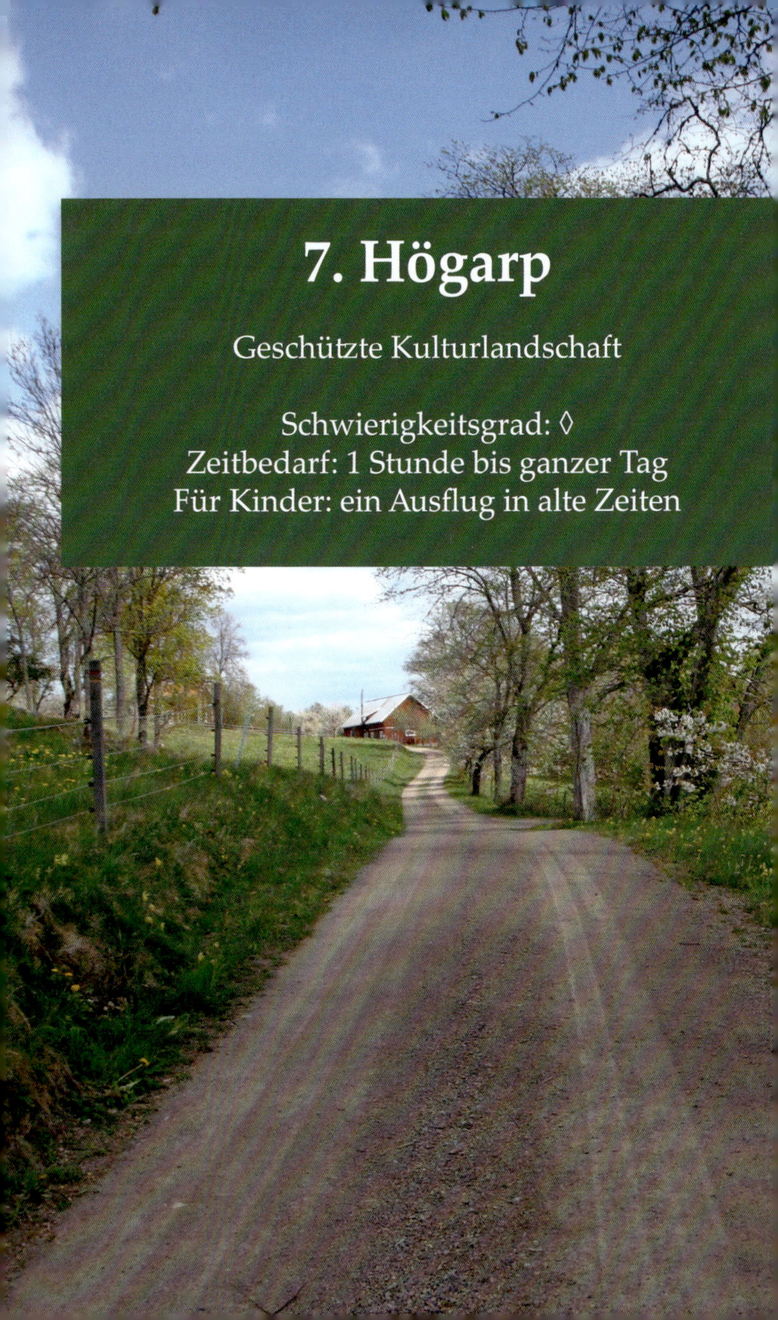

Das Kulturreservat Högarp liegt ca. 10 Kilometer westlich von Virserum auf einer lichten Anhöhe mit herrlichem Blick in alle Richtungen. Hier erleben Sie die Schönheit einer Landschaft, die im 19. und noch in Teilen des 20. Jahrhunderts in Småland alltäglich war, aber nun fast vollständig verschwunden ist. So wie hier sah es fast überall in Småland aus, als Astrid Lindgren noch jung war!

Um diese Landschaft für die Zukunft zu bewahren und auch um heutige Landbesitzer zu inspirieren, wurde Högarp im Jahre 2010 zum Kulturschutzgebiet erklärt. Högarp ist kein Museum, sondern eine lebendige Kulturlandschaft, in der Menschen in Harmonie mit der Natur leben. Högarp kann auch ein Ort sein, an dem man eine neue Perspektive für das Leben bekommt, wie wir es heute führen.

Das eigentliche Dorf Högarp stammt aus dem 14. Jahrhundert, aber es gibt Spuren von noch früherer Besiedlung. Gutes Wasservorkommen, eine bestimmte Steinart (Grünstein, ein leicht basisches Urgestein) und die hohe Lage machen Högarp zu einem sehr fruchtbaren Land. Durch die kontinuierliche Bearbeitung und Beweidung über Hunderte von Jahren hinweg entstehen hohe Kultur- und Naturwerte mit einer sehr großen Artenvielfalt. Solche kultivierten, pastoralen (Pastor = Hirte) Landschaften bieten wesentlich mehr Arten einen Lebensraum als die „wilde“, unberührte Natur, in der sich starke oder gut angepasste Arten auf Kosten anderer Arten durchsetzen.

An vielen Stellen wachsen Kopfbäume, die in regelmäßigen Abständen beschnitten werden (etwa alle 7–10 Jahre).

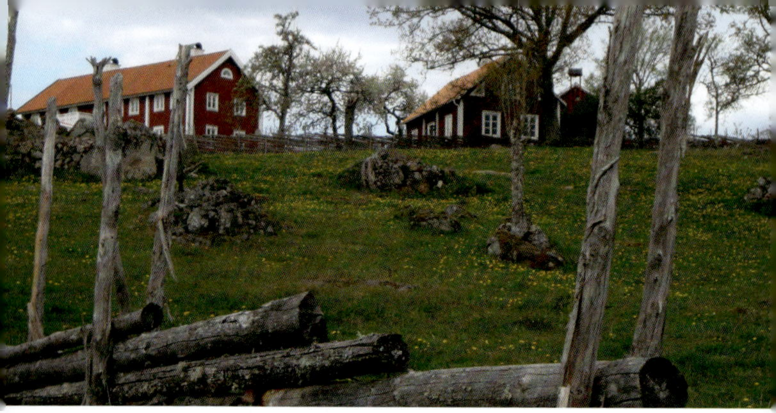

Die getrockneten Zweige werden dann im Winter als proteinreiches Tierfutter verwendet. Zugleich spenden diese Bäume weniger Schatten und verändern damit die Vegetation auf der Wiese. Diese rigorose Art der Baumpflege ist lebensverlängernd für die Bäume, die Bäume sind weniger sturmgefährdet und der dicke Stamm ist sehr widerstandsfähig. Im Reservat gibt es auch ein Hofmuseum.

Im Dorf Högarp gab es 1890 fünf Bauernhöfe und neun Häuser mit zusammen etwa 150 Einwohnern. Heute gibt es noch einen aktiven Hof und drei Einwohner.

Wir empfehlen folgende Ganztagestour mit einigen Tipps auf dem Weg: Wenn Sie von Hultsfred kommen (Reichsweg 23), fahren Sie in Richtung Målilla, im Kreisverkehr Målilla nehmen Sie die erste Ausfahrt Richtung Vetlanda und auch im nächsten Kreisverkehr die erste Ausfahrt Richtung Järnforsen (nicht nach Virserum, das wäre der direkte Weg). 200 m hinter der Ortsausfahrt Järnforsen gibt es ein kleines Schild („Domarring"), das Sie zu einer Stelle mit besonderen Steinen führt (GPS 57.410715, 15.592574).

Ist es ein Werk der Natur oder wurden diese Steine von menschlicher Hand gelegt? Dem Volksmund nach soll hier ein Gerichtsplatz, eine Tingstätte, gewesen sein. Die Anzahl der Steine im Kreis entspricht der Anzahl Richter und sollte daher immer ungerade sein, für den Fall, dass sie sich nicht einigen konnten. Nachdem die Täter verurteilt waren, wurden sie in den Emån, den schön mäandernden Fluss unterhalb der Stätte, geworfen. Etwas oberhalb des Steinrings gibt es einen aufrecht stehenden, größeren Stein. Schauen Sie genau hin, wie er gestützt wird von drei kleineren Steinen, ein typisches Phänomen in diesem Zusammenhang.

Extratipp: Wenn Sie hinter den Steinen noch ca. eine halbe Stunde immer bergaufwärts gehen, können Sie weitere, spektakuläre Steine finden, folgen Sie den Markierungen.

Fahren Sie zurück nach Järnforsen und biegen Sie diesmal ab nach Virserum (also nach rechts zum „Centrum"). Kurz hinter dem Dorf, ca. 200 m, biegen Sie nach rechts ab zur Kirche. Lassen Sie das Auto stehen und machen einen Spaziergang über den Friedhof. Dieser muss einer der schönsten Orte Schwedens sein, um begraben zu werden! Sie fahren zurück zur Hauptstraße in Richtung Virserum. Aber noch einmal machen wir einen Umweg und fahren in Richtung Slättemossa, über Ryd, Högeruda, Kråketorp und Slagdala nach Virserum. Eine unglaublich schöne Landstraße mit vielen interessanten Häusern entlang des Weges! Es gab Pläne, den gesamten Bereich dieser fünf Dörfer zum Kulturreservat zu erklären.

Mangels Kooperation einiger Eigentümer und Grundbesitzer scheiterte dieses Vorhaben jedoch.

Wenn Sie möchten, können Sie auch auf diesem Weg einen kleinen Abstecher machen, kurz vor Slättemossa findet man eine sehenswerte Wolfsgrube (GPS 57.380745, 15.588894, wo Sie abzweigen müssen, gibt es links am Wege ein kleines Schild). Sie müssen aber keine Angst vor dem bösen Wolf haben, den gibt es nur im Märchen. In Småland wurde der Wolf bereits 1868 ausgerottet, Sie werden also keinem Wolf begegnen können. Es sei denn, es verirrt sich einer der ca. 300 Wölfe aus Nordschweden hierher. Das passiert etwa einmal im Jahr, aber auch dann haben Sie kaum eine Chance, ihn zu sehen, Wölfe sind überaus scheu. Die Jagd mit Wolfsgruben wurde übrigens bereits im Jahr 1864 verboten.

Sie fahren nach Virserum, bekannt durch seine absolut sehenswerte Kunsthall. Im Zentrum fahren Sie rechts (Södra Järnvägsgatan, Schild nach Stenberga). Wieder sind Sie auf einer sehr schönen Straße. Auf dieser fahren Sie etwa 5 km und biegen dann rechts ab in Richtung Högarp (ausgeschildert). Parken Sie bitte nur an den angewiesenen Stellen (GPS 57.334840, 15.493504), ansonsten sind Autos hier aus verständlichen Gründen nicht erlaubt. Gehen Sie in das Reservat und erkunden Sie die Gegend auf eigene Faust. Wenn Sie den Weg bis zu seinem Ende gehen, kommen Sie zum größten Haus des Dorfes. Respektieren Sie bitte die Bewohner und gehen Sie nicht auf das private Grundstück. Stattdessen folgen Sie der Markierung von einem der beiden Wanderwege. Wir empfehlen den gelb markierten Weg. Dieser schlängelt sich durch die Wiesen- und Weidelandschaft und nach ein paar hundert Metern kommen Sie auf einen Hügel hinter dem Haus, vor dem Sie zuletzt abgebogen sind. Von dort oben, auf 224 Meter Höhe über dem Meeresspiegel, haben Sie eine wunderschöne Aussicht über Smålands Wälder. Man schätzt, dass es im 18. Jahrhundert etwa 500 mal mehr Wiesen gab als heute, man konnte früher von hier aus bis zum See Hjorten blicken! Fahren Sie nun wieder zurück auf die Straße nach Virserum–Vetlanda. Wenn Sie Richtung Vetlanda fahren (rechts abbiegen), kommen Sie an vielen schmucken Häusern vorbei und in Stenberga gibt es im ehemaligen Landhandel ein Café (nur Vorbestellung, Tel 070-538-18 08). Etwa 500 m weiter kommen Sie zu Stenbergas Kirche. Biegen Sie 400 m hinter der Kirche rechts ab, dann kommen Sie zum Badeplatz des Dorfes am See Saljen.

Zurück nach Virserum fahren Sie nicht den Weg zurück, den Sie gekommen sind, sondern verlassen Sie Stenberga Richtung Björneström (Abzweigung am Café). In Björneström gibt es einen sehenswerten Nöck, eine der vielen Sagengestalten in Schweden, links im Wasser! Dann fahren Sie weiter nach Virserum und zurück nach Hause.

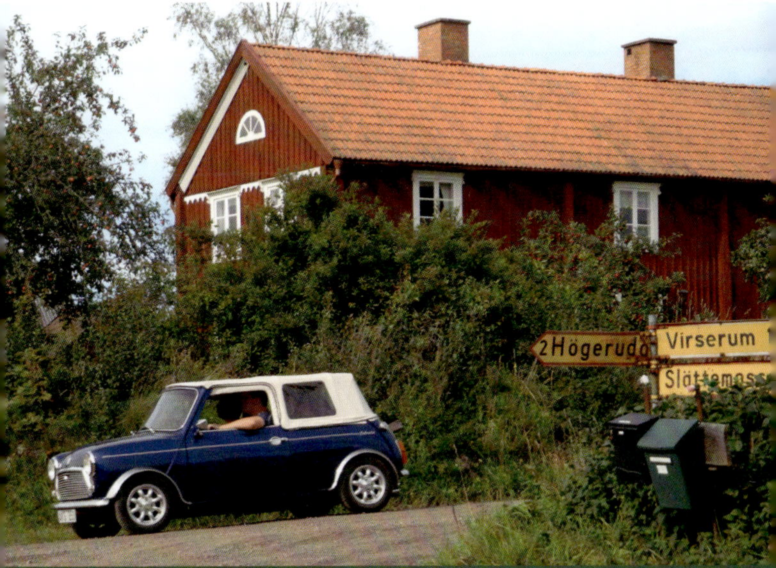

In Vättehult, ca. 1 km von Högarp, liegt Pälle Nävers Dichterstube. Pälle Näver, sein richtiger Name war Joseph Högstedt, kam am 12. Juli 1897 zur Welt. Das Interesse für Poesie hatte er von seinem Vater geerbt und er begann früh zu schreiben. Während des ersten Weltkrieges, unter schwierigen Bedingungen im Manöver, erkrankte er an der gefürchteten und damals eigentlich unheilbaren Tuberkulose. Er hatte große Lungenblutungen und war mehrere Monate lang bewusstlos. Niemand dachte, dass er überleben würde. Aber er kam zurück ins Leben. Die Genesungszeit war lang und schwierig, frische Luft war die einzige Medizin und er war draußen in der Natur so oft es ging. Er dachte viel über das Leben nach und begann seine Gedanken in Verse zu fassen.

Seine erste Gedichtsammlung „Solfjät" [Sonnenschritt] erschien 1923. Die Liebe zum Leben und zur lebendigen Schöpfung spiegelt sich in seinen Werken, wenn er die Tages- oder Jahreszeiten beschreibt oder die Schönheit in einer kleinen unbedeutenden Blume oder einem glitzernden Waldteich entdeckt. Er veröffentlichte noch zwei weitere Gedichtbände, „Skumflagor" [Schaumflocken] und „Pilgrimståget" [Pilgerzug] und fuhr mit dem Fahrrad umher, um sie zu verkaufen.

Durch reinen Zufall stieß ein Mann namens Leander auf diese drei Gedichtbände in der Königlichen Bibliothek in Stockholm, wohin auch heute noch jeder Autor ein Pflichtexemplar seines Werkes schicken muss. Ihm gefiel die Poesie des jungen Joseph und er kontaktierte ihn per Brief und fragte, ob er sich vorstellen könne, pro Woche ein Gedicht für die Provinzpresse zu schreiben. Joseph unterzeichnete diesen Vertrag und nahm in diesem Zusammenhang das Pseudonym Pälle Näver an. Das

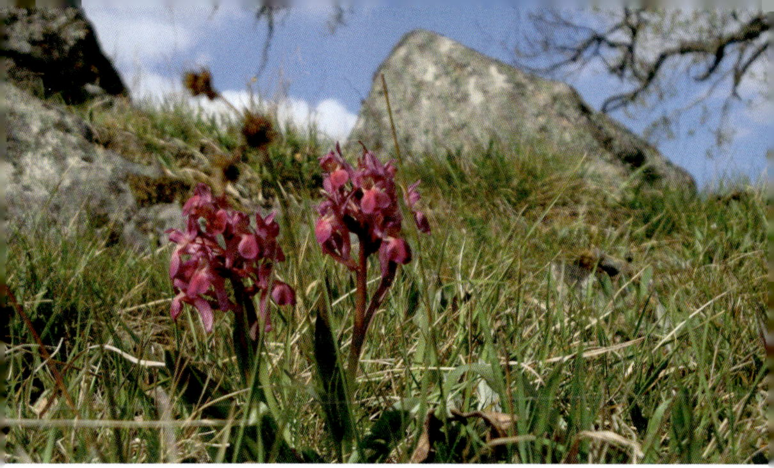

erste Gedicht unter seinem Pseudonym erschien im Oktober 1934.

Er schrieb dann ein Gedicht pro Woche, das in bis zu 30 Zeitungen in Schweden und 4 schwedisch-amerikanischen Zeitungen in Amerika veröffentlicht wurde. Nach 44 Jahren beendete er den Vertrag im Jahr 1978 und hatte bis dahin nicht eine einzige Woche ausgelassen: es waren über 2 000 Gedichte geworden! In den 80er Jahren war er der meistgelesene Dichter Skandinaviens. Pälle starb am 15. Januar 1986 und ist auf dem Friedhof der Kirche in Stenberga begraben. Jedes Jahr feiert man in Stenberga die „Stenberga Spiele", die seinen Schriften gewidmet sind.

Sein Enkel Pär-Olof Högstedt, auch er Dichter und Naturliebhaber, wohnt ganz in der Nähe und ist ein sehr kompetenter und sehr unterhaltsamer Führer, sowohl für das Werk seines Großvaters als auch für das Kulturreservat Högarp. Mit ihm können Sie auch Pälle Nävers Dichterstube in Vättehult besichtigen.

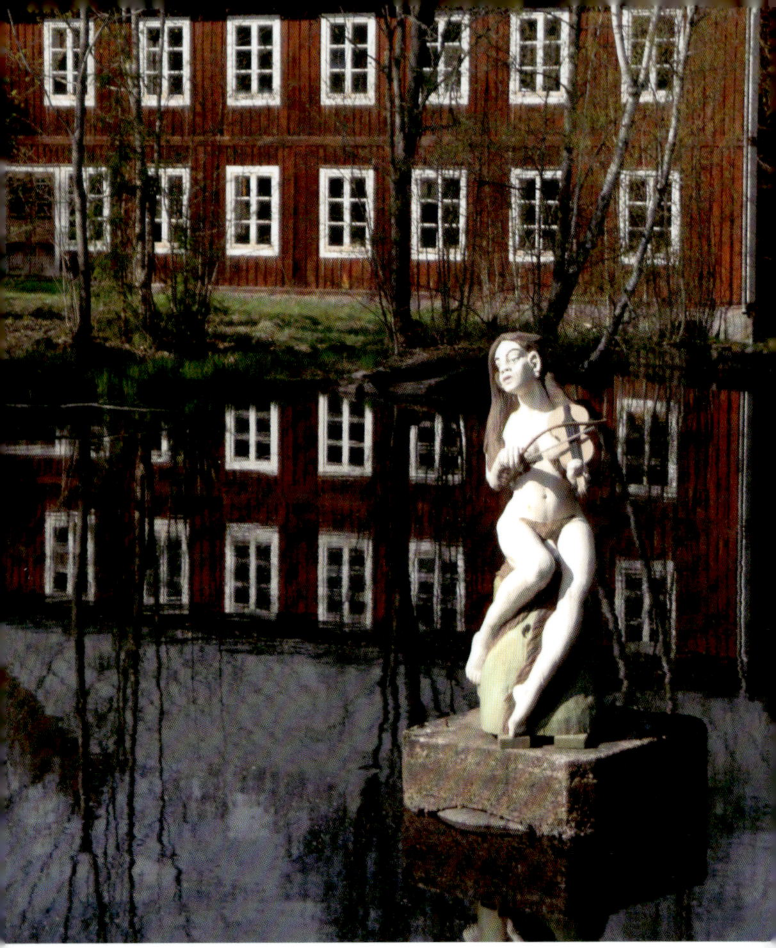

Mehr Informationen:
Pär-Olof Högstedt, Telefon 070-609 73 75,
par-olof.hogstedt@vetlanda.se
www.destinationvetlanda.se
www.stenberga.nu
www.virserumskonsthall.com

Pälle Näver
„Ode an Småland“

So weit mein Blick in die Ferne schweifen kann,
so weit erstreckt sich die Bläue des Waldes ohne Ende,
den klaren Himmel in seinem sonnigem Glanz
spiegeln kleine freundliche Seen mit ihrem Perlenstaub.
Hier will meine Sehnsucht ruhen, wie in einer Wiege,
im Schutz von Wald und Weite, Glück und Glauben.
Weit weg von Hetze und Unruhe wächst hier mein Herz.
Blumen in der Wildnis, wo der Frieden wohnt.

Hier lebte vor langer Zeit zwischen Stein und Wald
ein Volk, das in seiner Not Rindenmehl in sein Brot gab;
und noch immer können abertausende von aufgesammelten
Steinen erzählen vom Bauernvolk, das hungerte und fror.
Zäh wie ein Wacholderstamm war sein Wille im Glauben
und im Denken und in der Tat.
Väter, das Erbe, das ihr von Generation zu Generation
gegeben habt, nie soll es im Dunkel des Vergessens
versinken.

Und wenn ich vorsichtig meine Wanderung an einem stillen
Abend zu einer Lichtung, auf der früher kleine niedrige
Katen standen, lenke, dann ist es, als ob da noch immer
Wesen wären, wenn der Wind Seen und Wälder schmeichel-
nd umrauscht.
Die Erinnerungen werden zu Gesang und Sagen, zu Tönen
und Worten, weggeweht von den einfachen Tischen vergan-
gener Zeiten.
– Söhne und Töchter, hört die Stimme der Sage!
Hört den Herzschlag aus der Brust der Heimat!

Übersetzung: Christian Holzer

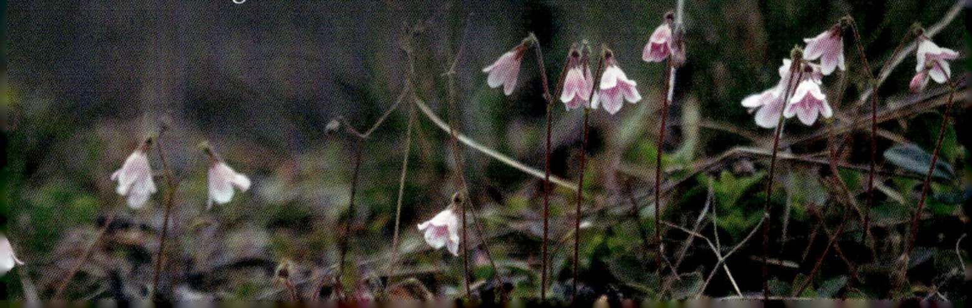

8. Hammarsjö

Klare Seen und wilder Wald

Schwierigkeitsgrad: ◊ ◊
Zeitbedarf: 1–2 Stunden oder ganzer Tag
Für Kinder: tolle Bademöglichkeiten

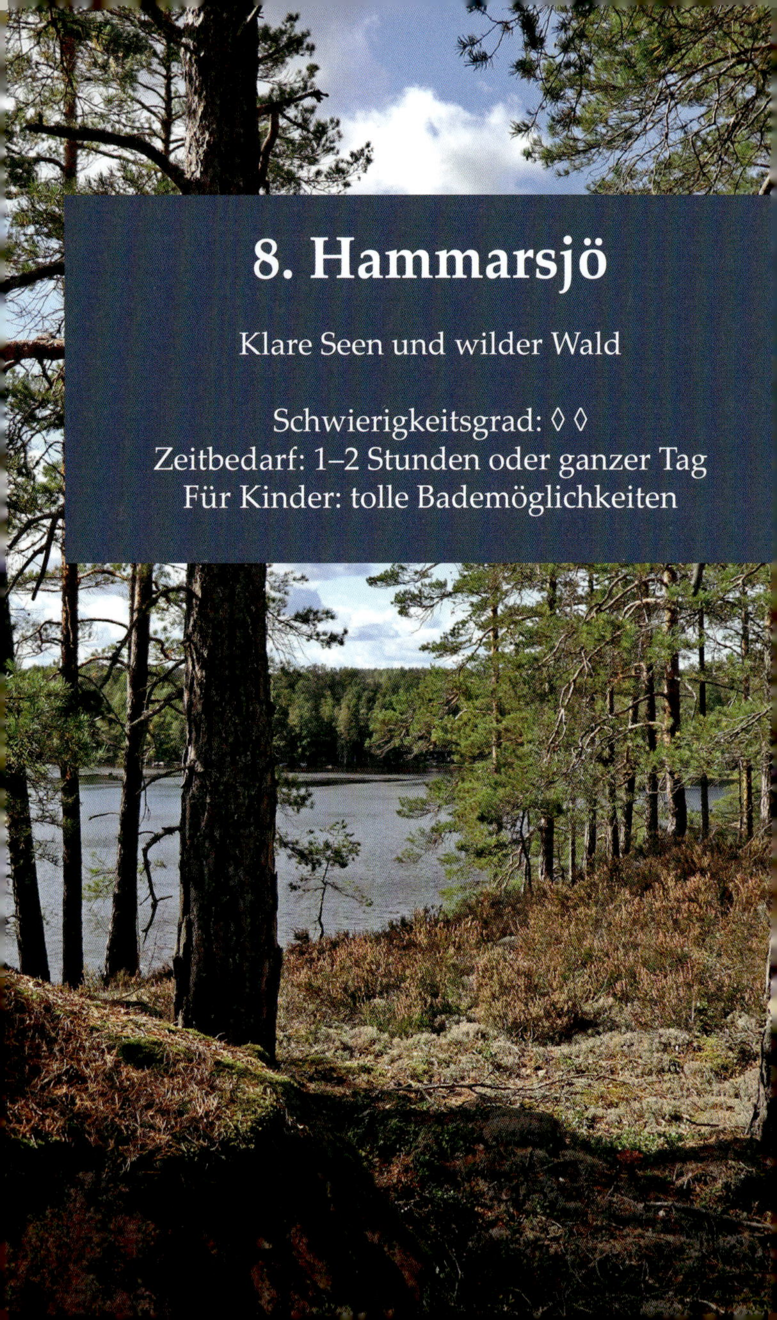

Östlich des Reichswegs 23, ca. 10 km entfernt von Hultsfred, liegt das Naturschutzgebiet Hammarsjö. Es umfasst ca. 400 Hektar Wasser, verteilt auf gut 30 Seen! Hier gibt es richtige Wildnis und die Seenlandschaft ist sehr charakteristisch für Småland. Hier finden Sie auf kleinem Raum ein Vielzahl sehr verschiedener Seen und Wasserlandschaften.

Am See finden Sie einen schönen Badeplatz mit Umkleideraum, Grillplatz, Schaukel, Toilette und Badesteg. Am westlichen Ende des Badestrandes können Sie eine wunderschön gelegene, urige Sauna mit Badezuber mieten (bitte beim Touristenbüro Hultsfred erfragen).

Sie können den Hammarsjö auf einem ca. 12 km langen, markierten Wanderweg umrunden. Hier gehen Sie von einem Postkartenblick zum nächsten, ständig eröffnen sich neue Aussichten auf den glitzernden Wasserspiegel und auf badefreundliche Klippen. Trotz der relativ kurzen Entfernung rechnen Sie bitte mit drei oder vier Stunden Wanderung. Die vielen schönen Stellen am Wasser laden zu häufigen Pausen ein. Beginnen Sie Ihre Wanderung am Parkplatz, queren Sie die Straße und erklimmen den kleinen Kamm oberhalb des Sees (eine eiszeitliche Endmöräne, die Eismassen haben hier Geröll zu einem kleinen Berg zusammengeschoben). Sie umrunden den See also entgegengesetzt dem Uhrzeigersinn! Eine detaillierte Wegbeschreibung mit zahlreichen Hintergrundinformationen finden Sie im Buch #hikinghultsfred mit ISBN 978-91-9819139-4 (leider nur auf schwedisch erhältlich).

Einen weiteren markierten Pfad gibt es auf Björnnäset, das ist eine Halbinsel auf derselben Seite wie der Parkplatz.

Gehen Sie in Fahrtrichtung einige Schritte vom Auto aus, dann sehen Sie links in den Wald hinein die Markierung. Dieser Weg ist ca. 2–3 km lang. Sie kommen zunächst zu einem hoch über dem Åkebo See gelegenen Aussichtspunkt, von dort geht es hinab zu einem schönen Badeplatz mit Sandstrand und dann weiter durch urwaldähnliches Terrain zurück zur Straße. Diese Halbinsel ist Naturreservat (90 Hektar) und man will hier mittels gezielter Waldbrände (EU-Projekt "Life Taiga", 2015–2019) wieder eine mehr natürliche Vegetation herstellen. Bis ca. Ende des 18. Jahrhunderts brannte statistisch gesehen jeder Wald in Schweden alle ca. 50–100 Jahre. Diese Brände sind notwendig für den Artenreichtum und für verschiedene Pflanzen und Tiere. Aber auch heute schon gibt es viele seltene Arten auf Björnnäset, z.B. Auerhahn und Birkhuhn, das größte und kleinste Waldhuhn in Schweden.

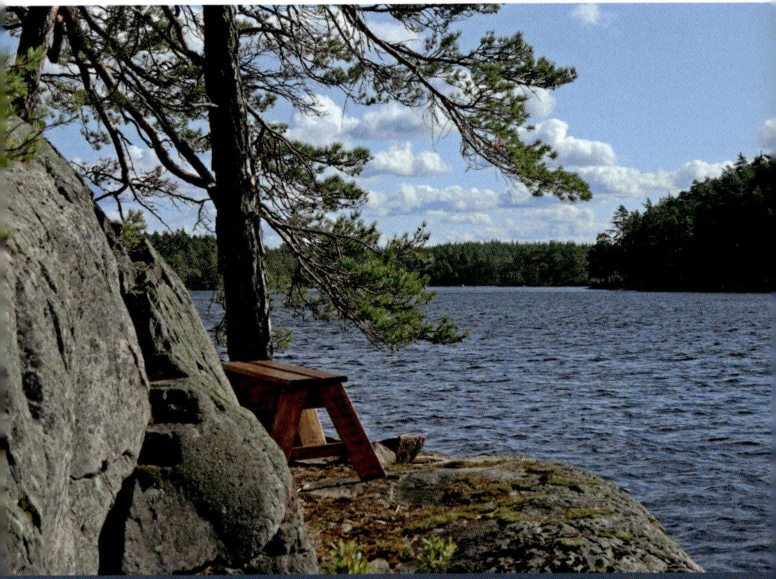

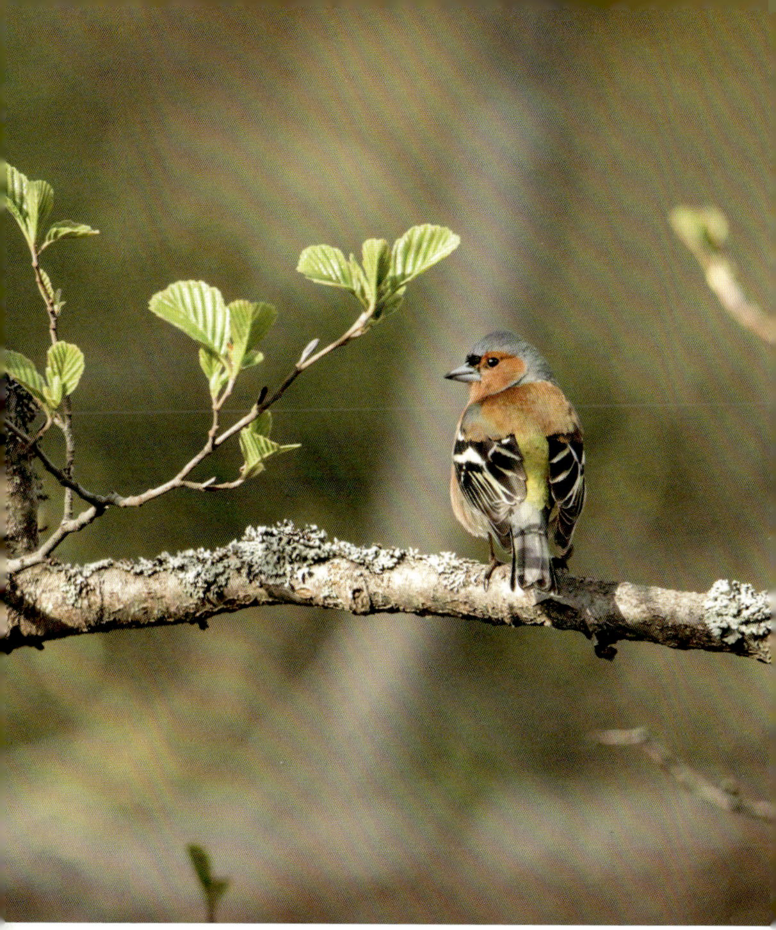

Das Hammarsjö-Gebiet hat über 30 Seen! Besuchen Sie gerne auch diese wasserreichen Gebiete, speziell für Vogelkundler: See Hulingen (Järnudda bei Hultsfred), See Ryningen (bei Mörlunda) und See Ver (bei Vena). An allen diesen Seen sind Aussichtstürme, z.T. mit Informationstafel und Protokollbüchern. Am Ryningen gibt es auch QR-Kodes für weitere Informationen via Handy.

9. Borgekulle

Fliehburg und Gräberfeld

Schwierigkeitsgrad: ◊ ◊
Zeitbedarf: 1–2 Stunden
Für Kinder: Abenteuer und Kletterspaß

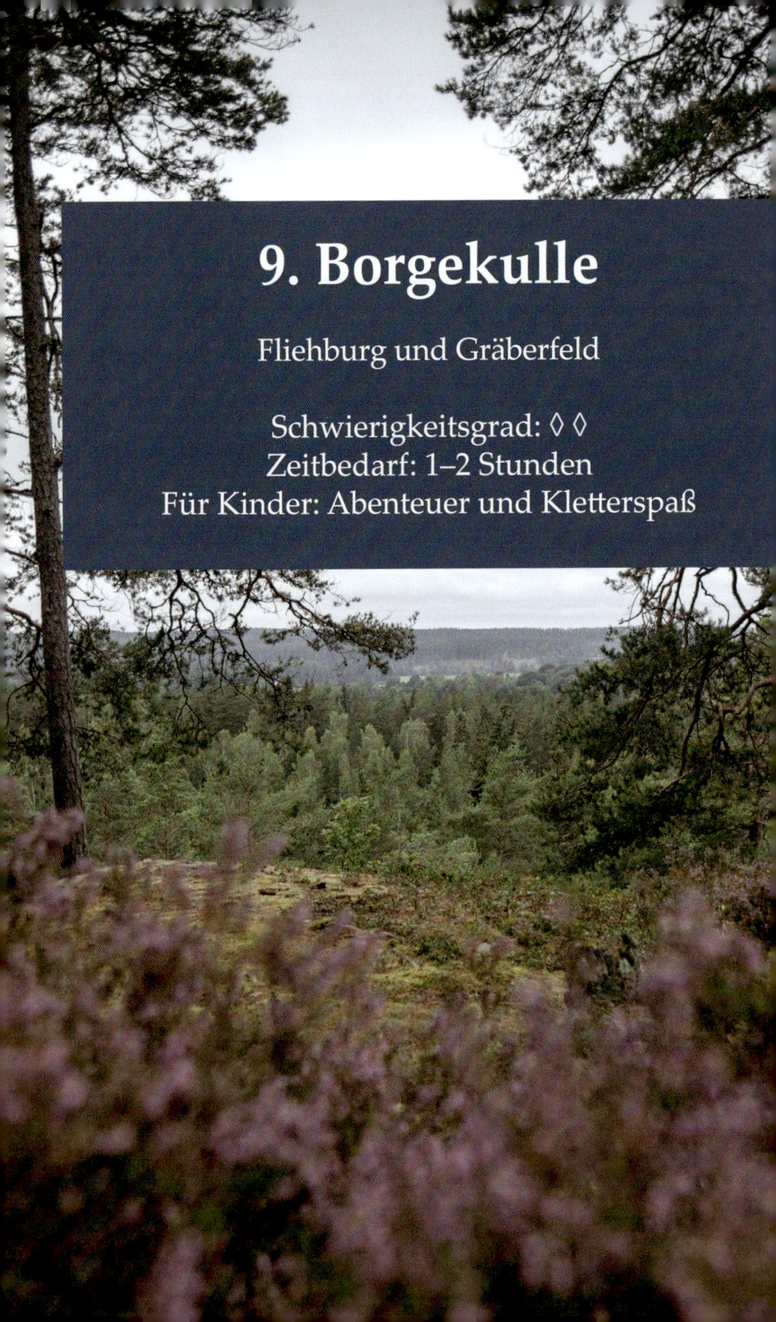

Die uralte Fliehburg auf dem Borgekulle bei Blaxhult ist ein ganz besonderer Platz. Von ihr haben Sie eine wunderschöne, weite Aussicht, es gibt faszinierende Steine, mehrere tausend Jahre alte Gräber und eine spezielle Vegetation.

Die Gräber sind vermutlich aus der Jungsteinzeit (4 100 bis 1 700 vor Christi Geburt). Sie stammen also aus der Zeit, als die Menschen in Schweden das Nomadenleben zugunsten einer sesshaften Lebensweise aufgaben. Die Fliehburg wird jünger geschätzt, die Verteidigungsanlagen wurden wohl in der Eisenzeit (500 bis 1 050 nach Christi Geburt) errichtet. Aber es kann auch sein, dass die Burg genauso alt ist wie die Gräber, die Archäologen sind sich nicht einig. Sicher ist nur, dass die Festungsanlage das letzte Mal 1612 genutzt wurde, als dänische Soldaten durch Südschweden zogen und unter anderem auch Vimmerby abbrannten.

Die Gegend unterhalb der Fliehburg ist ehemaliger Meeresgrund, man konnte von der Ostsee hierher segeln! Jetzt jedoch liegt sie weit über dem Meeresspiegel und noch immer hebt sich das Land fast einen Meter pro hundert Jahre, da das Gewicht der kilometerdicken Eismassen von vor 10 000 und mehr Jahren fehlt.

Heute ist der Seeweg nicht mehr möglich. Sie fahren stattdessen die Reichsstraße 23 von Vimmerby nach Hultsfred und verlassen diese kurz vor Hultsfred nach Osten, Schild Richtung Vena. In Vena fahren Sie rechts um die Kirche, durch das Dorf und kurz hinter dem Dorfausgang links nach Blaxhult. Jetzt geht der Schotterweg ein Stück weit längs der Schmalspurbahn, die im Sommer

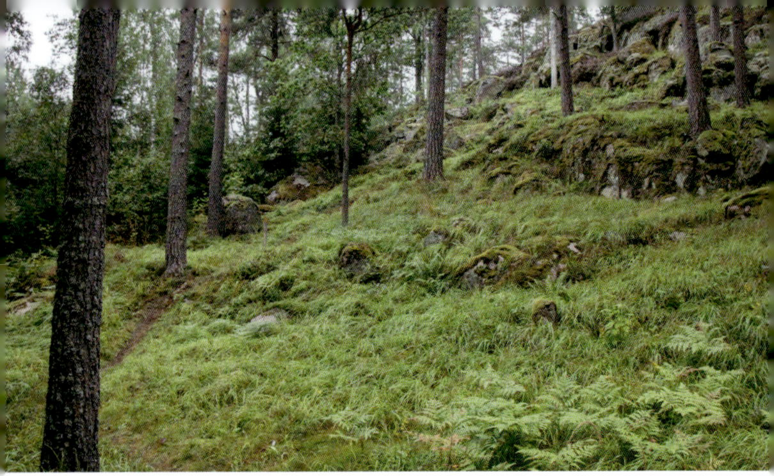

von Hultsfred bis nach Västervik an die Ostsee verkehrt. Fahren Sie weiter bis Blaxhult, sich links haltend durch das Dorf hindurch. Wenn Sie dann auf die Asphaltstraße kommen, biegen Sie rechts ab. Nach ca. 200 m biegen Sie links ab (kleines Hinweisschild auf der rechten Seite) und kommen nach einigen hundert Metern zu einem Parkplatz mit einer Informationstafel (GPS 57.511970, 16.047643). Gehen Sie zu Fuß weiter auf der Schotterstraße, nach ca. 100 m sehen Sie rechts eine weitere Informationstafel und hier beginnt der Aufstieg zur Burg. Er dauert nur einige Minuten, und dann sind Sie in einer ganz anderen Welt!

Erkunden Sie gerne das Gelände oben auf der Burg, untersuchen Sie die vielen merkwürdigen Steine und mit etwas Glück finden Sie auch die Wasserstelle ganz oben auf der Anhöhe. An verschiedenen Stellen können Sie Mauerreste finden, aber es scheint, dass auch die großen, einzeln liegenden und ungefähr ringförmig angeordneten Findlinge eine Art Schutzwall bilden („Megalith-Burg"). Legen Sie Ihr Augenmerk auch auf die bizarr geformten Kiefern längs des Weges, sie sind mehrere hundert Jahre alt.

Folgen Sie der Markierung und verlassen Sie die Burg auf dem östlichen Ausgang. Dieser Weg führt weiter zu den Gräbern (folgen Sie der roten Markierung, ca. 1 km). Von dort zurück zum Auto sind es nochmals ein paar hundert Meter. Bitte hinterlassen Sie keine Spuren und verändern Sie nichts an der Burg, sie ist ein geschütztes Kulturdenkmal!

Nehmen Sie gerne einen Picknickkorb mit und machen Sie eine Pause auf der Fliehburg oder dem Hügel mit den Gräbern. Von beiden haben Sie einen schönen Blick.

Mehr Informationen:
www.visithultsfred.se
www.lansstyrelsen.se/kalmar

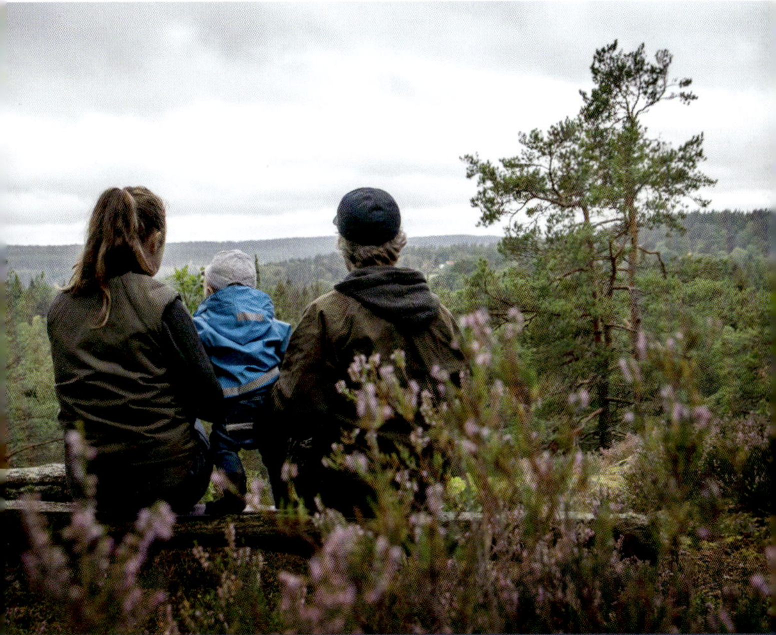

10. Södra Vi

Kriegerische Zeiten im See Krön

Schwierigkeitsgrad: ◊
Zeitbedarf: 1–2 Stunden
Für Kinder: Ritterspiele und Brücke über den See

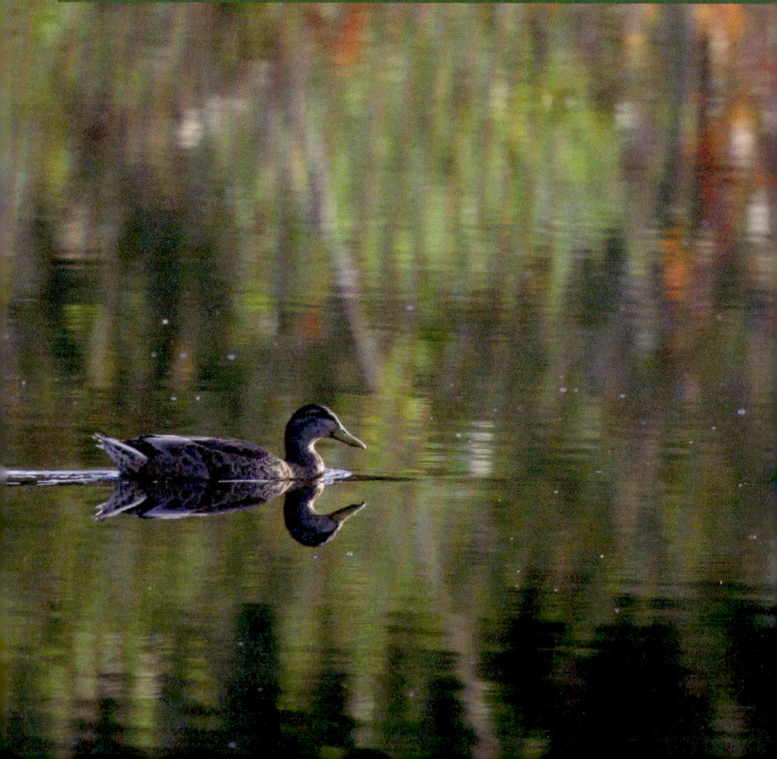

Auf dieser Tour begegnen Sie einer stillgelegten Eisenbahnstrecke mitten im Wald, Sie gehen über eine schmale Brücke auf eine Insel mit einer Hunderte von Jahren alten Fliehburg und Sie passieren eine historische Verteidigungsanlage und jahrtausendealte Gräber. Sie sehen alte Spuren von Menschen, aber Sie sehen auch, wie sich die Natur nach und nach das Land zurück erobert. Dieser Ausflug ist sehr leicht zu gehen, hat keine steilen Steigungen und mit Ausnahme des kurzen Stückes auf die Insel ist er sogar für Kinderwagen geeignet. Es gibt unterwegs schöne Stellen zum Ausruhen und Sie können auch wild baden, wenn Sie mögen.

Verlassen Sie Vimmerby auf dem Reichsweg 23 Richtung Norden, nach knapp 10 km biegen Sie rechts nach Södra Vi ab. In der Ortsmitte biegen Sie wieder rechts ab (Richtung Djursdala) und am Ortstausgang biegen Sie nochmals rechts ab, hier steht auch ein kleines Schild „Ivars Udde - Krönsborg". Fahren Sie ca. 100 m und wo die Straße eine scharfe Biegung nach rechts macht, können Sie parken. Oder Sie fahren geradeaus den Waldweg noch ein kurzes Stück weiter, bis Sie zu einer Schranke kommen (GPS 57.734545, 15.806437). Gehen Sie den Weg weiter und nach ein paar hundert Metern sind Sie an einer Informationstafel mit Blick auf die Verteidigungsanlage Ivarsudde. Vor ungefähr 700 Jahren war hier ein Heerlager. Jetzt ist es ein schöner Platz, der zu einer Rast einlädt. Streifen Sie gerne unter den Laubbäumen umher und Sie entdecken sicher Spuren von früher. Gehen Sie links zurück zum Weg und folgen dem Pfade nochmals gut hundert Meter und Sie gelangen an eine schmale Holzbrücke, die hinüber auf die Insel Krönsborg führt. Rechts von der Brücke können Sie in regelmäßigen Abständen Pfahlreste von der historischen Brücke sehen – diese

Pfähle sind 700 Jahre alt! Damals war die Brücke breiter und länger, man konnte mit Pferd und Wagen auf ihr fahren. Damals war der Wasserspiegel auch ca. 2,5 m höher und Krönsborg eine richtige Insel. Stellen Sie sich vor, welchen Aufwand der Bau dieser Brücke damals bedeutet haben muss!

Auf der Insel angelangt, gehen Sie auf den höchsten Punkt und genießen die Aussicht. Schauen Sie zurück in Richtung Brücke und Sie können Reste eines Hausfundaments sehen. Es gibt auch Reste eines Turms, eines Ofens und mehrere Gräber, aber diese sind schwerer zu sehen. Man hat hier Knochen von Tieren und Menschen gefunden, Pfeilspitzen, Schwertspitzen, Nägel, Nieten, einige Münzen und Hufeisen – was entdecken Sie? Einige dieser Gegenstände befinden sich jetzt im Museum Näktergalen in Vimmerby (zwischen Vimmerby Marktplatz und Kirche, ein absolut sehenswertes Museum).

Die Fliehburg ist aus dem 14. Jahrhundert, aber die Gräber sind wesentlich älter. Die Insel war umgeben von einem schwimmenden Palisadenzaun. Alle Gebäude wurden in einem gewaltigen Brand zerstört, vermutlich 1389 im Kampf zwischen Königin Margareta und König Albrecht. Der Brand muss schnell und intensiv gewesen sein und es wurden Temperaturen von bis zu 2 000 Grad erreicht. Steine, Erde und Lehm, ja sogar manche Felsenpartien schmolzen hinweg. Man erzählt, dass es feindliche Heere auf Ivarsudde und Krönsborg gab. Vieles spricht dafür, dass Ivarsudde eine Gegenburg, also die Verteidigungsanlage des Angreifers von Krönsborg, war. Die Mauern und Wälle von Ivarsudde sind auf Krönsborg ausgerichtet. Die Entfernung ist so gewählt, dass Ivarsudde von Krönsborg nicht mit Schüssen von Armbrüsten erreicht werden

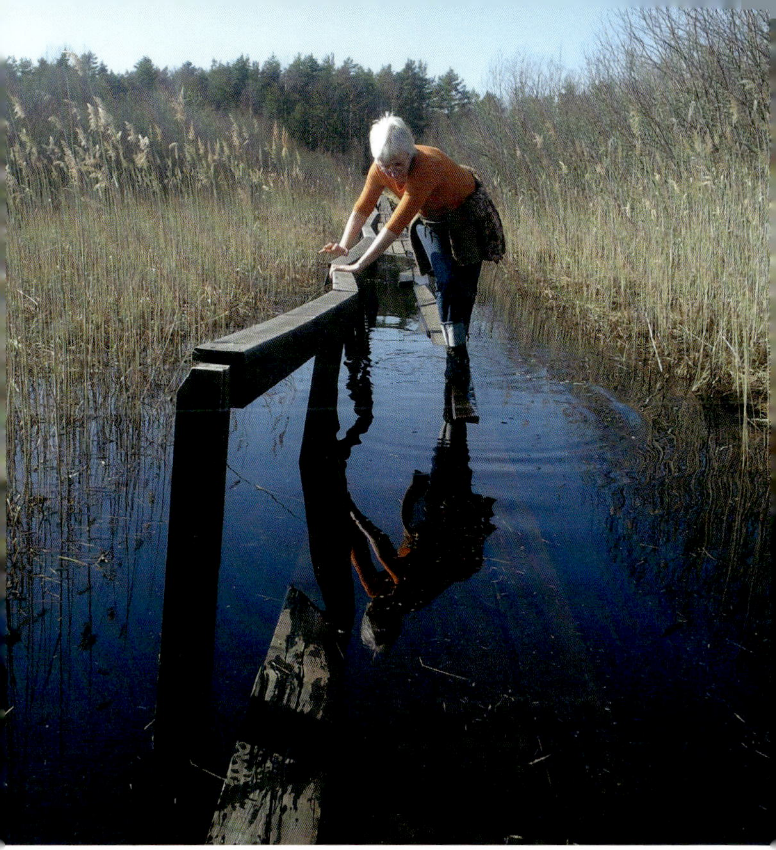

konnte, aber man konnte von Ivarsudde aus die Brücke nach Krönsborg beschießen und damit Krönsborg gut belagern. Es gibt fast keine Hinterlassenschaften von Menschen auf Ivarsudde, was dafür spricht, dass dies eine nur vorübergehend genutzte Anlage war. Wären hier Menschen über längere Zeit sesshaft gewesen, könnte man das auch am veränderten Phosphat- und Nitratgehalt im Boden (durch Essensreste und menschliche / tierische Ausscheidungen) nachweisen.

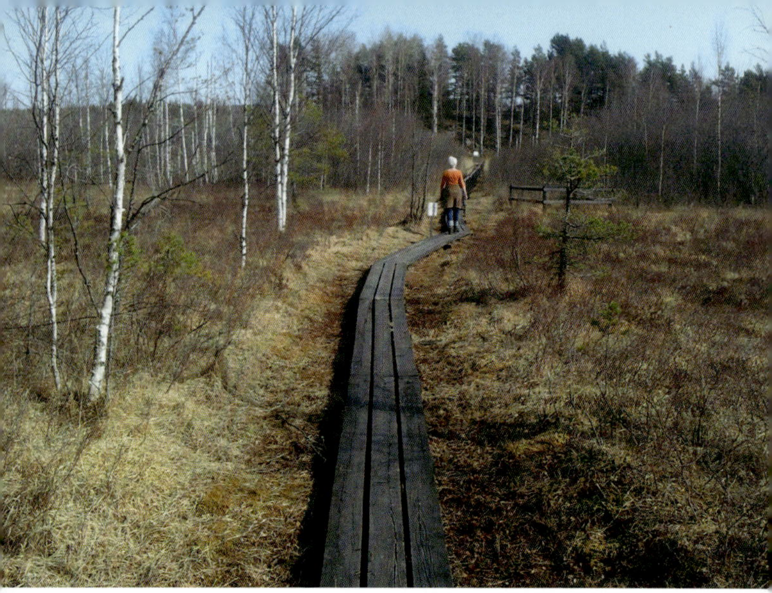

Gehen Sie zurück auf das Festland, aber jetzt den Pfad nach rechts, gleich wenn Sie die Brücke verlassen. Nach ein paar hundert Metern sehen Sie links eigenartige Rechtecke mit ungewöhnlicher Vegetation und umlaufenden Erhöhungen. Dies sind alte Torfstiche. Jetzt macht der Weg eine scharfe Kurve nach links und wird plötzlich schnurgerade. Warum? Nach kurzer Strecke kommt eine Informationstafel, die berichtet, dass hier bis 1958 eine Eisenbahnlinie verkehrte! Man verwandte Torf damals vor allem als Absorptionsmittel für Gülle in der Landwirtschaft, aber man kann Torf auch zur Erdverbesserung oder als Brennmaterial verwenden.

Wenn der schnurgerade Weg nach rechts schwenkt, verlassen Sie ihn und gehen einige Meter geradeaus oder ein bisschen nach links, bis Sie auf die Straße stoßen. Gehen Sie links und Sie kommen zurück zum Auto.

Bonustipp:
Auf der anderen Seite des Sees ist ein von einer Freikirche betriebenes Sommarcafé, direkt daneben liegt ein schöner Badeplatz und Bootsverleih (GPS 57.71884, 15.83453). So können Sie sich Krönsborg auch vom Wasser aus nähern, wenn Sie wollen!

Während der Ausgrabungen auf Krön entstand die Idee, ein Wikingerboot zu bauen. Dieses fast 10 m lange Boot können Sie über Anders Andersson, Telefon 070-609 92 17, www.krauna.se, für einen Ausflug mieten.

Mehr Informationen:
www.kalmarlansmuseum.se (suchen Sie Ivarsudde)
www.vimmerby.se/naktergalen
www.krongarden.se

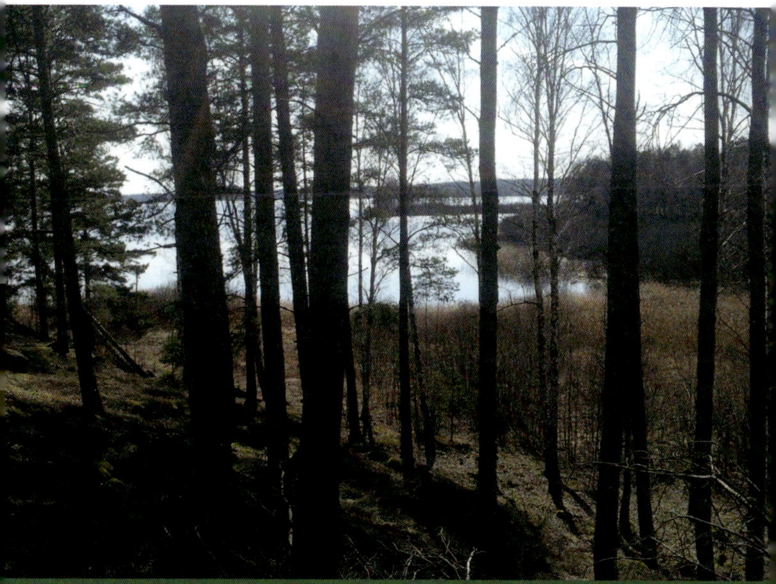

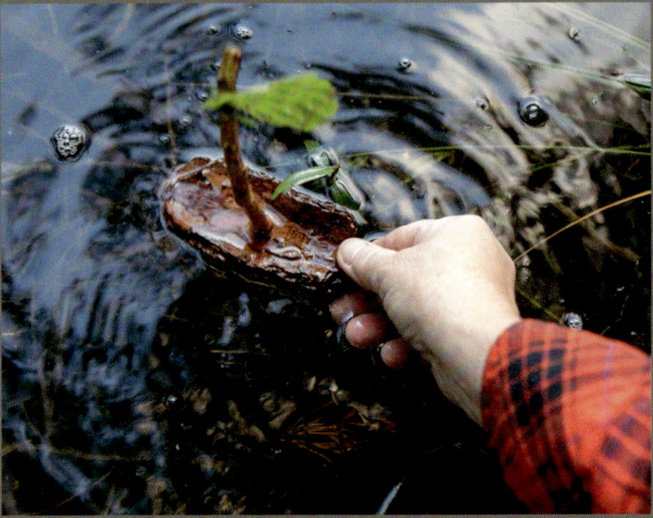

Baue ein Rindenschiffchen

Suche ein Stück Baumrinde (besonders gut geht es mit Kiefernrinde) und einen dünnen, aber stabilen Zweig. Falls das Rindenstück noch nicht die passende Form hat, kannst du mit einem Schnitzmesser nachhelfen. Bohre ein Loch in das Rindenstück, in dem der Zweig Halt findet. Nimm ein schönes, frisches Laubblatt und durchbohre es an der Blattwurzel und dann an der Blattspitze und befestige es an dem Mast. Das Blatt soll nicht zu straff gespannt sein, damit sich der Wind gut darin fangen kann. Schiff ahoi!

Denke immer an die zwei Grundregeln beim Schnitzen: „Wer schnitzt, der sitzt!" und „Immer vom Körper weg schnitzen!"

Letzter Stock gewinnt

Zwei Spieler haben zwanzig Stöckchen (oder Kiefernzapfen oder etwas anderes handliches) zwischen sich liegen. Der jüngste beginnt und darf ein, zwei oder drei Stöckchen aufnehmen, dann wechselt man. Wer das letzte Stöckchen aufnimmt, hat gewonnen.

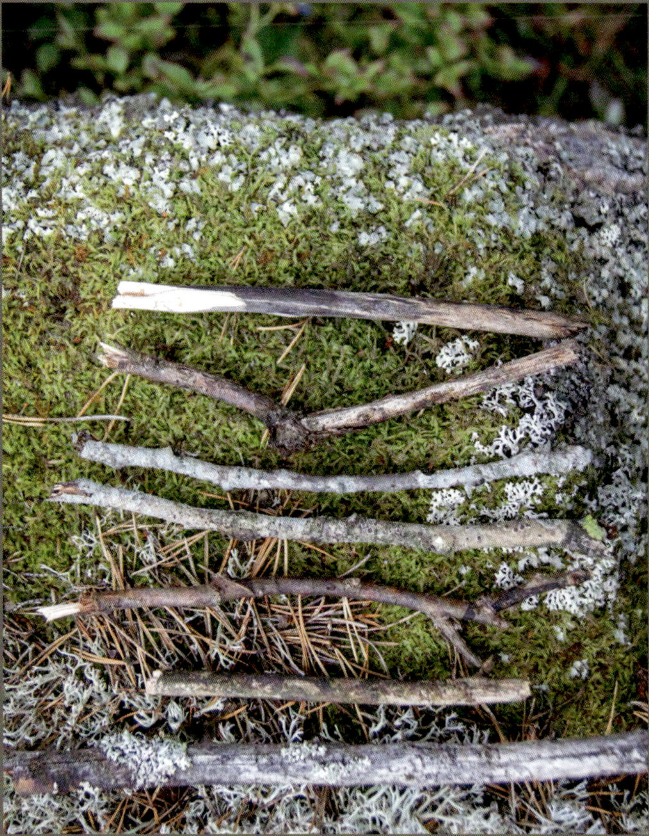

11. Mörtfors

Romantischer Kurort und wildes Naturreservat

Schwierigkeitsgrad: ◊ ◊
Zeitbedarf: 1 Stunde bis ganzer Tag
Für Kinder: verlassene Burg über dem See

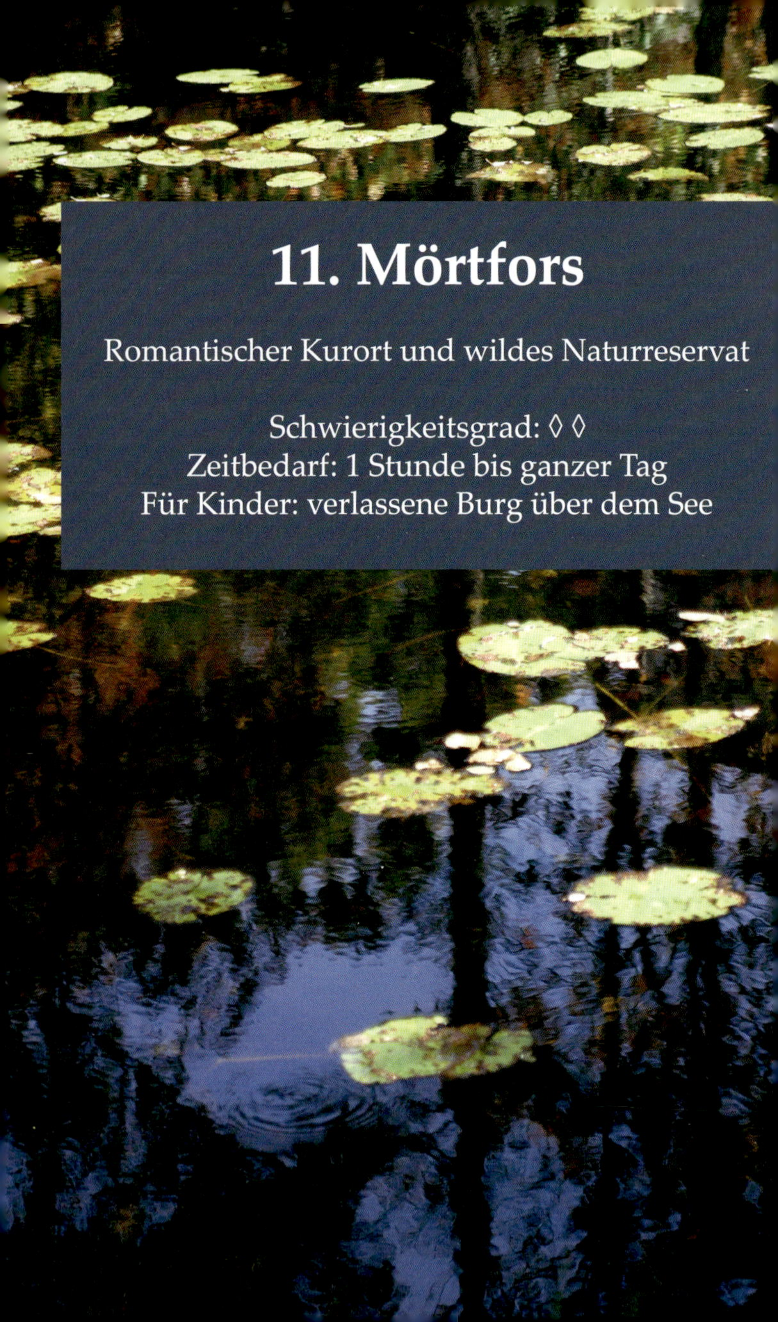

Willkommen in einem pittoresken Sommerparadies zwischen Västervik und Oskarshamn! Hier etablierte sich vor gut 250 Jahren eine Kupferhütte und brachte dem Ort, den es schon in der Steinzeit gab, allmählich einen gewissen Reichtum. Zu Beginn des 20. Jahrhunderts erlebte Mörtfors dann jedoch seine Glanzzeit, als C. A. Bjurstam, Ökonom und Lebenskünstler hier ein Badehotel bauen ließ. Darüber hinaus ließ er 16 Häuser in der Umgebung abbauen und in Mörtfors auf einer Anhöhe wieder aufbauen. Hier sollten reiche Sommergäste wohnen. Zu dieser Zeit war Mörtfors ein lebendiger Kurort mit Hotel, Badehaus, Arzt, Zahnarzt, Apotheke und Tierarzt. Es gab zeitweise eine Limonadenfabrik, eine Schokoladenfabrik, eine Möbelfabrik, eine Streichholzfabrik, eine Haushälterinnenschule, eine Autowerkstatt, einen Stadtpark und einen romantischen Festplatz („Basarkullen") und zu den Tanzveranstaltungen in Mörtfors kamen Menschen von nah und fern.

Der Carl-Axel Bjurstam wollte hier einen prächtigen Sommer- und Winterkurort entwickeln. Er war ein sehr geselliger Mensch, der gerne auf Auktionen ging und leidenschaftlich alles Mögliche sammelte. Er wollte nicht wie seine Eltern Bauer werden, sondern entwickelte sich sehr schnell zu einem Tausendsassa und Lebenskünstler, er erfand beispielsweise eine Maschine für die Herstellung von Holzrechen. Aber er schnitzte auch Holzfiguren und führte damit kleine Theaterstücke, eine Art Kaspertheater, auf. Und er konnte auf dem Seil gehen und mit allerlei anderen Künsten zur Unterhaltung beitragen! Man nannte ihn „König von Mörtfors".

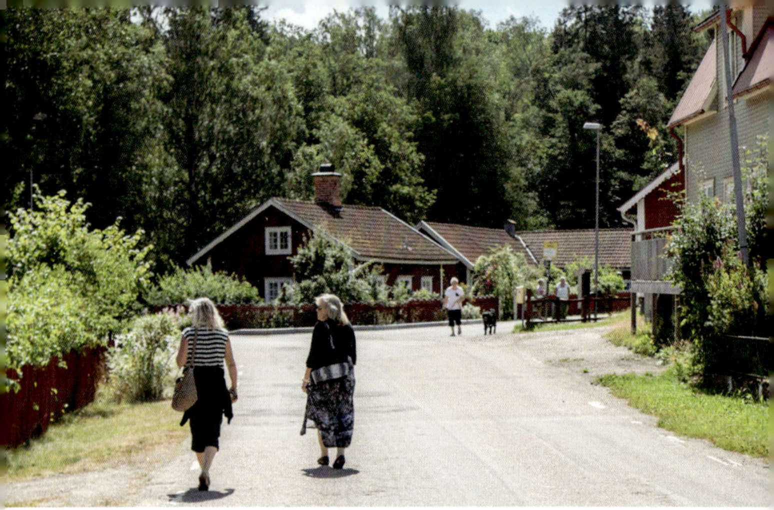

Schauen Sie sich gerne um, Sie können an vielen Stellen dieses charmanten Örtchens noch Zeichen der vergangenen Glanzzeit entdecken!

Diese Tour empfehlen wir Ihnen:
Fahren Sie nach Mörtfors über die E22 (Abfahrt Mörtfors, ca. 25 km nördlich von Oskarshamn). Von Hultsfred oder Vimmerby kommend gibt es auch einen Weg über Kristdala, dann nördlich nach Ishult und dann Mörtfors. Dies ist ein sehr, sehr schöner Weg, aber er hat Hunderte wenn nicht Tausende von Kurven – Sie brauchen viel Zeit und außerdem Kinder, denen nicht schlecht wird beim Autofahren. Wenn Sie von der E22 in den Ort kommen, fahren Sie abwärts bis zum Bach und direkt dahinter links (Kappmålavägen). Folgen Sie dem Flusslauf und gleich können Sie links Flusstreppen sehen, hier war früher die Möbelfabrik. Halten Sie sich immer nach links, nach ca. 400 m endet der Weg und Sie parken hier. Gehen Sie den Weg weiter und Sie gelangen zu einem öffentlichen Badeplatz mit Umkleideraum, Grill und Badesteg.

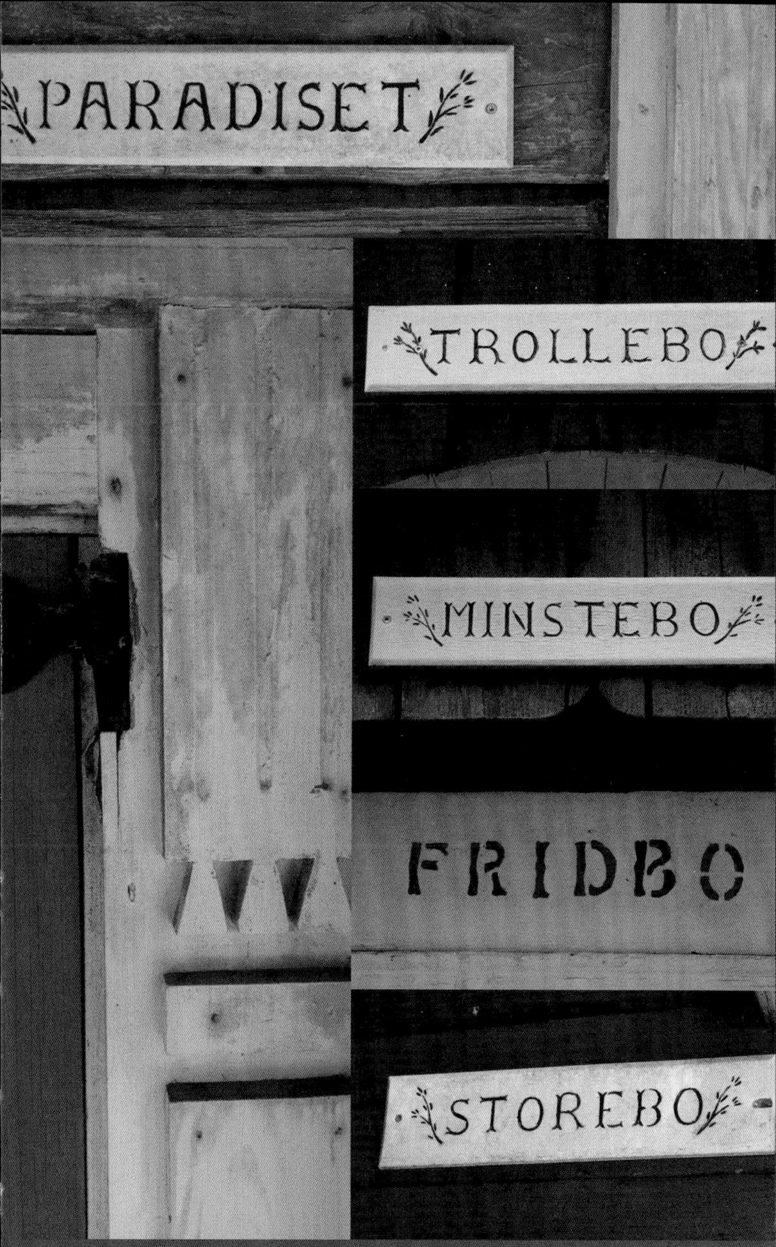
PARADISET
TROLLEBO
MINSTEBO
FRIDBO
STOREBO

Sie können bereits hier den Rest des Tages entspannt verbringen, aber wir empfehlen die folgende Wanderung: Gehen Sie über die Wiese des Badestrandes, am anderen Ende sehen Sie eine orange Markierung, der Sie 500 m lang folgen. Jetzt sind Sie in einem 211 ha großen Naturreservat und auf Etappe 1 des gut 200 km langen Tjustledens (Tjustwanderweg). Wenn Sie aus dem Wald heraus auf einen Schotterweg kommen, gehen Sie diesen nach rechts und nach ein paar Metern wieder rechts in den Wald (noch vor dem Bach, folgen Sie dem Schild „Tjustleden"). Jetzt schlängelt sich der Weg immer am Stora Ramm entlang, mal dicht am Wasser und mal etwas weiter entfernt. Nach ca. 1 km kommen Sie auf eine große kahle Felsenklippe mit einem großen Findling: Dieser Stein hat nicht nur ein außergewöhnlich schönes Muster von Flechten, sondern ist auch ganz speziell platziert. Stellen Sie sich neben den Stein und schauen einmal im Kreise, dann sehen Sie auch!

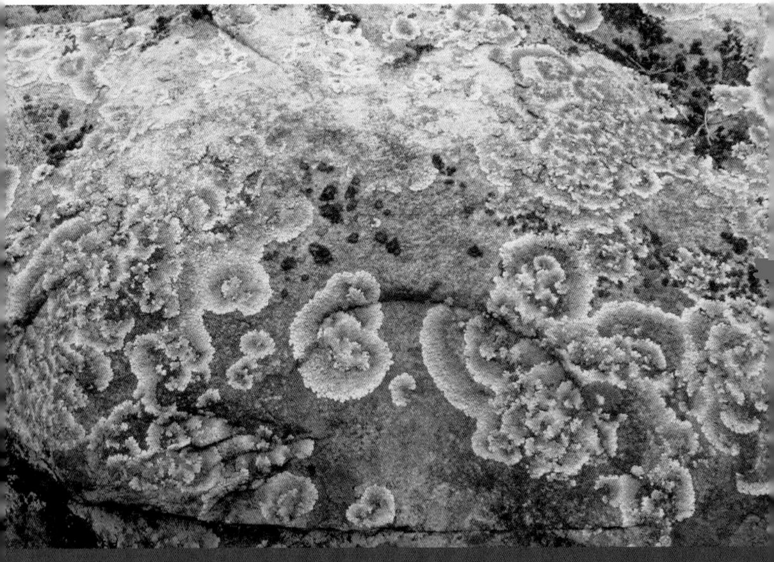

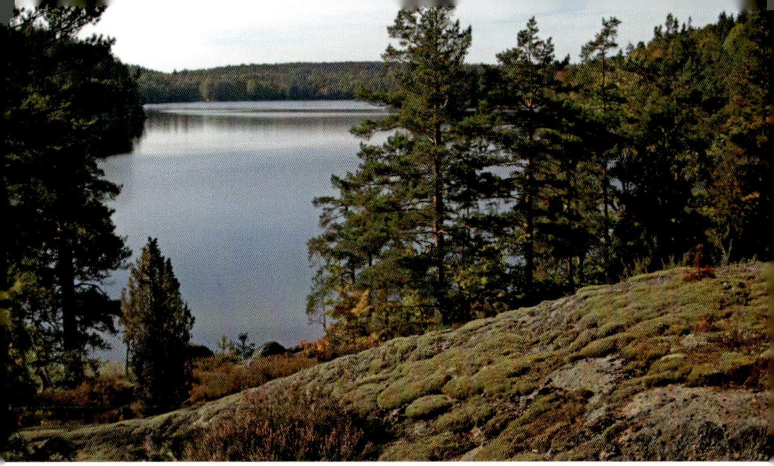

Gehen Sie ca. 500 m weiter, bis Sie ein Schild „Fornborg" sehen. Gehen Sie rechts den Berg hoch, es ist sehr steil und hier gibt es keinen Pfad. Aber oben kommen Sie dann auf einen vielleicht 1 000 Jahre alten, angelegten Steinwall und dieser führt Sie die letzten Meter hinauf auf die Fliehburg. Von hier oben (GPS 57.52146, 16.43897) haben Sie eine fantastische Aussicht über den Stora Ramm: Die Wasserläufe von der Ostsee bis nach Mörtfors waren lange schiffbar, noch im 18. Jahrhundert konnte man bis hierher segeln und die Fliehburg lag also direkt am Meer! Seit die Last der kilometerdicken Eismassen von der Eiszeit fehlt, hebt sich das Land jedoch um fast einen Meter je 100 Jahre, daher „sinkt" die Ostsee immer weiter weg.

Gehen Sie denselben Weg zurück nach Mörtfors und spätestens jetzt ist es Zeit für ein Bad, wenn Sie den Badeplatz wieder erreichen. Danach fahren Sie mit dem Auto zurück ins Zentrum, aber überqueren Sie nicht den Fluss, sondern biegen Sie links ab (direkt vor Ihnen steht ein kleines Monument über den Kupferbergbau) und nach ca. 150 m stellen Sie das Auto auf der rechten Seite ab.

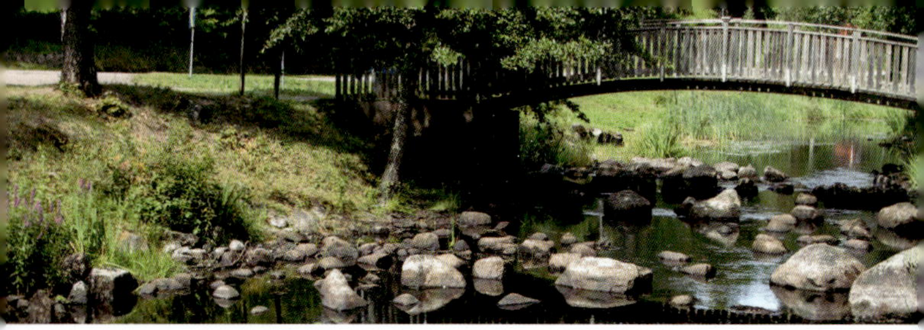

Gehen Sie die Straße ein bisschen weiter und Sie sehen auf der linken Seite eine Villa im Funktionalismusstil, das war die „Residenz" des „Mörtforskönigs". Dahinter gehen Sie links den nach ihm benannten Bjurstams backe (Bjurstams Hügel) hinauf, und Sie sehen auf der rechten Seite einige der von ihm hierher verfrachteten Sommerhäuser, jedes mit eigenem Namen. Sie folgen dem Weg, bis Sie zum Kappemålavägen und dann wieder zur Durchfahrtsstraße gelangen. Bevor Sie weiterfahren, gehen Sie gerne noch über die Holzbrücke zum anderen Ufer und dann ein paar Schritte hinauf zum Festplatz "Basarkullen" mit seinen romantischen Anlagen, der zu Vergnügungen aller Art einlädt. Hier wurde viel gefeiert, aber die Heilsarmee hielt hier auch Gottesdienste ab.

Gehen Sie von diesem geschichtsträchtigen Platz, der einst große Bedeutung für das Leben in Mörtfors hatte, am Fluss entlang Richtung Zentrum. Sie passieren das alte Warmbadehaus, in dem man sich früher wusch und reinigte, als es noch keine Bäder in den Häusern gab. Jetzt ist das Haus Unterkunft für Wanderer auf dem Tjustleden. Hier kann man für einen symbolischen Betrag übernachten. Das nächste Haus ist das ehemalige Badehotel, das noch bis ins Jahr 21. Jahrhundert als Pensionat und Restaurant betrieben wurde. Wenn Sie nicht vorhaben, hier eine neue Existenz zu gründen, gehen Sie wieder zurück zum Basarkullen und zum Auto. Gute Heimfahrt!

Mehr Informationen:
www.mortfors.se
(nur noch über https://archive.ph/ auffindbar)
www.lansstyrelsen.se/kalmar/besoksmal/naturreservat/mortfors.html
https://sv.wikipedia.org/wiki/Tjustleden
https://doderhult.naturskyddsforeningen.se
(DNF Jugendherberge mit 5 Schlafräumen unde Küche)

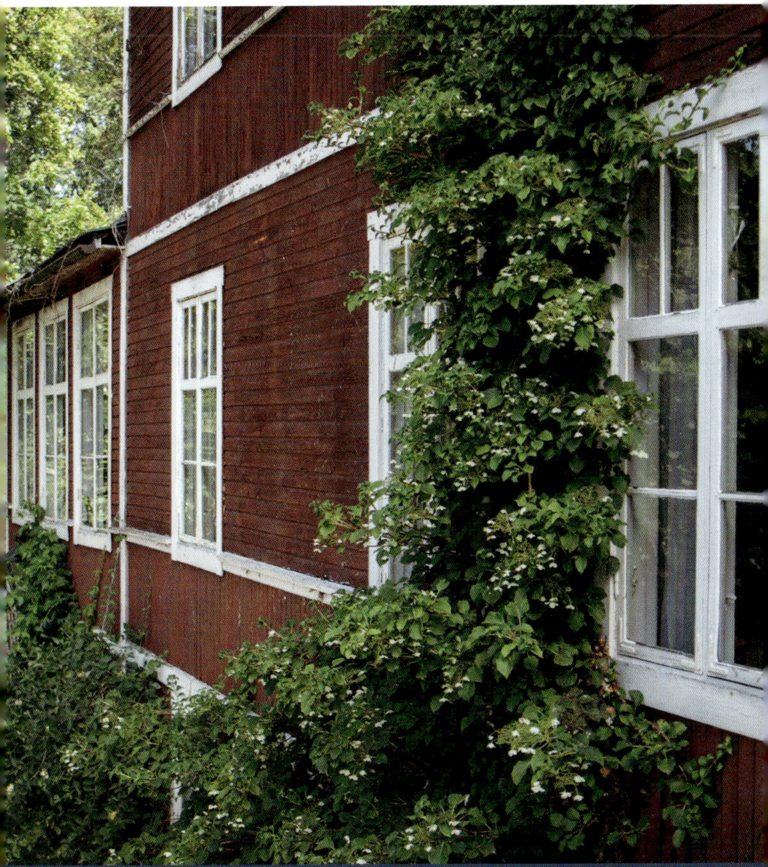

12. Stensjö by & Dragskär havsbad

Dörfliches Idyll und Badeklippen am Meer

Schwierigkeitsgrad: ◊
Zeitbedarf: 3 Stunden bis Ganztagesausflug
Für Kinder: Sandstrand und Badeklippen

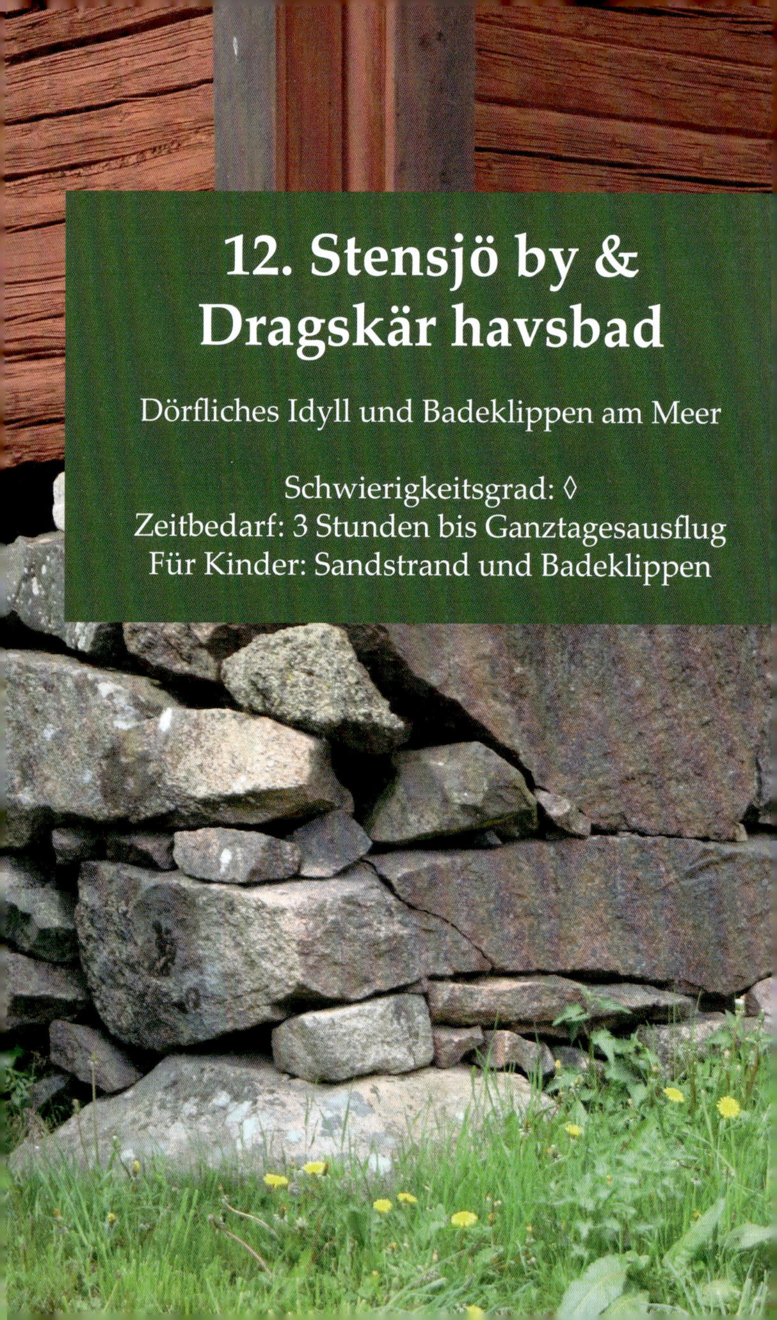

Auf dieser Tour kombinieren Sie zwei einzigartige und völlig unterschiedliche Landschaften an einem Tag: ein außergewöhnlich schönes und gut erhaltenes Dorfmilieu mit historischer Landwirtschaft am Vormittag und herrliche Badeklippen an der Ostsee am Nachmittag. Rechnen Sie also gerne mit einem Ganztagesausflug. Es gibt jedoch keinerlei Geschäfte oder Einkaufsmöglichkeiten in der Nähe, nehmen Sie Essen und Trinken in ausreichender Menge mit! Alternativ können Sie eine Mittagspause in Oskarshamn einlegen, aber das bedeutet eine halbe Stunde extra Autofahren und ein Besuch von Oskarshamn harmoniert nicht gut mit dem besonderen Charakter der beiden Ausflugsziele. Teilen Sie die Tour dann lieber auf zwei Tage auf und besuchen Oskarshamn jeweils zum Schluss der Ausflüge.

In Stensjö by erleben Sie eine unverfälschte Kulturlandschaft, wie sie in Schweden vor 100 und mehr Jahren üblich war. Ein kleines, dicht gedrängtes Dorf ohne Flurbereinigung, viele rote Häuser und kilometerlange Smålandzäune, offene Landschaft und mäandernde Wege, kleine Äcker und beschnittene Bäume, Steinmauern und immer wieder schöne Ausblicke auf eine idyllische Landschaft. Sie begegnen Hühnern, Kühen, Schweinen und Schafen und es ist kein Wunder, dass man hier Szenen von „Michel aus Lönneberga" und „Die Kinder aus Bullerbü" gedreht hat, småländischer als hier geht es kaum!

Nach einem herzhaft Frühstück in Oskarshamn (Empfehlungen siehe unten) fahren Sie Richtung Norden an „Havsslätt" (ein stadtnaher Badestrand am Meer mit

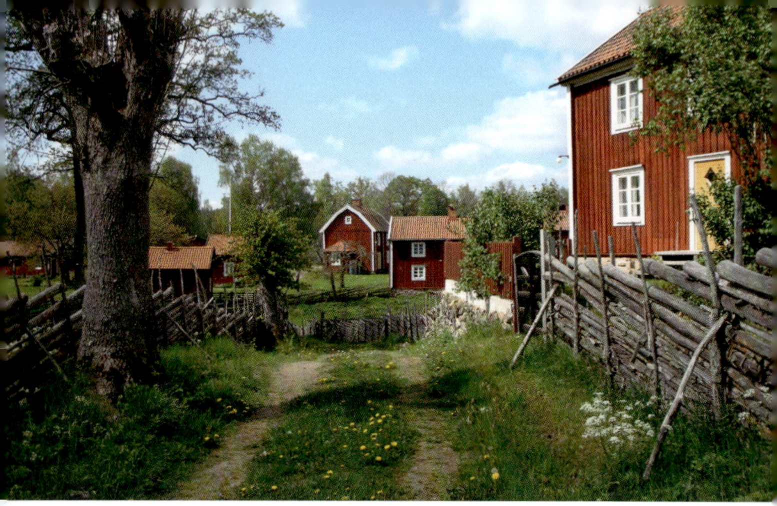

Restaurant) vorbei zur E22. Diese verlassen Sie nach ca. 6 km, Abfahrt „Stensjö by". Fast sofort kommen Sie zu einem Parkplatz mit einem Schild „Stensjö by". Wir empfehlen, das Auto bereits hier stehen zu lassen. Gehen Sie den Schotterweg weiter, es sind ca. 1,5 km bis zum Dorf. Dies ist ein schöner Weg und Sie nähern sich dem Dorf in angemessenem Tempo. Nach einigen hundert Metern kommen Sie an einem Badeplatz mit Steg und Grillmöglichkeit vorbei, das ist der See Stärringen. Oder Sie fahren mit dem Auto direkt bis zum Dorf, am Ortseingang gibt es einen Parkplatz mit Toiletten und Ruhebänken und Informationsmaterial. Hier beginnen drei Wanderwege: Viränslingan 1,3 km, Ängsslingan 1,4 km und Skogsslingan 3,7 km. Wir empfehlen die beiden erstgenannten, hier gehen Sie durch leicht hügelige, wunderschöne und abwechslungsreiche Landschaften. Wenn Sie die Skogsslinga (Waldweg) gehen möchten, biegen Sie nach einigen hundert Metern rechts ab, Schild „Lommegölen". Entlang aller Wanderwege gibt es Rastplätze mit Ruhebänken und schönen Aussichten.

Durch Stensjö by geht auch der Ostkustleden, ein ringförmiger Wanderweg von der Ostsee bis zur Gemeinde Hultsfred. Einige Gebäude mit Ausstellungen und Informationen zur Landwirtschaft von früher stehen Besuchern offen. Stensjö by wird das erste Mal schriftlich schon 1351 erwähnt, damals unter dem Namen „Stenzöö" (die Insel der Steine), und wenn man sich umschaut, versteht man gut, wie dieser Name zustande kam – aber man muss auch wissen, dass damals die Ostsee ihre Ausläufer bis hierher hatte. Die älteste Karte über Stensjö by ist von 1709, damals gehörte das ganze Dorf einer Frau, Wendela Hammarskjöld, die die Landwirtschaft verpachtet hatte. Als gut 100 Jahre später eine Flurbereinigung durchgeführt wurde, gab es hier fünf Höfe. Doch kam man nicht richtig überein und die nächste Flurbereinigung im Jahr 1850 wurde nicht durchgeführt – daher ist das Dorf noch heute in seiner ursprünglichen, dicht gebauten Struktur erhalten. 1945 hörte man mit der Landwirtschaft auf, die steinigen Böden gaben nicht genug her, um der industriellen Konkurrenz standzuhalten.

Seit 1960 gehört das Dorf der Königlichen Vitterhetsakadamie, die die Gegend in einem aufwendigen Restaurierungsprojekt wieder in den ursprünglichen Zustand versetzt hat. Dieses Projekt dauerte 30 Jahre und war die umfangreichste Restaurierung dieser Art, die je in Schweden durchgeführt wurde. Auch heute wirft die Landwirtschaft in Stensjö by keinen Profit ab, aber ist es nicht schön hier, was finden Sie? Muss man Schönheit in Geld messen?

Jetzt ist es Zeit für die Mittagspause, die schönsten Rastplätze finden Sie auf der Viränslingan.

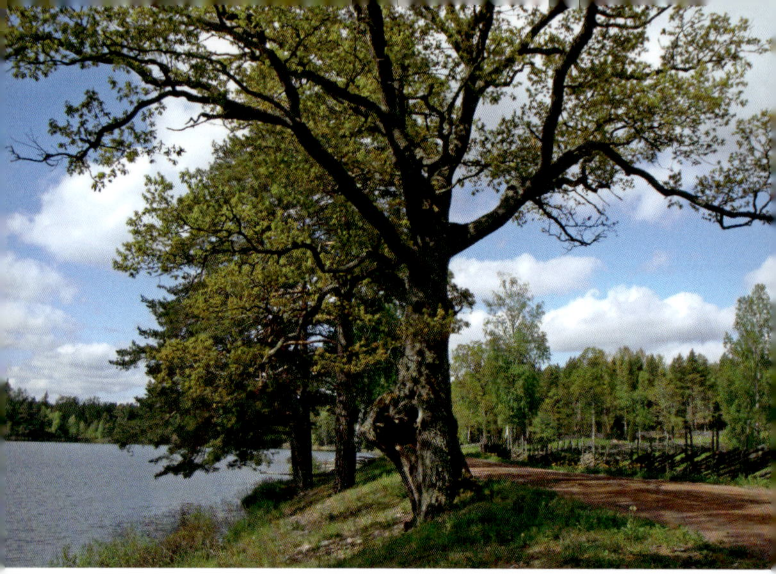

Verlassen Sie Stenjsö by auf demselben Wege wie Sie gekommen sind und fahren Sie auf der E22 nur 300 m weiter nach Norden (also links abbiegen) und biegen dann rechts ab nach Dragskär / Skafterna. Beachten Sie das imposante Magazin direkt an der Abzweigung, hier gab es früher eine Mühle. Sie befahren jetzt einen wunderschönen Landweg durch altes Ackerland, alte Steinmauern begleiten Sie fast ununterbrochen. Alle diese Steine hat man mühevoll per Hand aus den Äckern gesammelt, und man hat sie aufgeschichtet als Windschutz und manchmal auch als Schutz gegen Tiere. Folgen Sie dem Weg bis zu seinem Ende, dort gibt es einen Parkplatz für das herrliche Meerbad „Dragskärbadet". Erforschen Sie die Klippen und Steine, Sie können hinausschwimmen oder -waten auf Inseln und Steinbänke. Es gibt Grillplätze und Ruhebänke. Und in der Ferne können Sie die sagenumsponnene Insel Blå Jungfru sehen, Oskarshamns einzigartiges Ausflugsziel!

Frühstückstipps:
Konditori Nilsson, Köpmangatan 11
Hotell Post, Östra Torggatan 13
Hotell Corallen, Gröndalsgatan 35

Mehr Informationen:
Oskarshamns Turistbyrå, www.oskarshamn.com
www.vitterhetsakademien.se

Wohnen in Stensjö by:
www.sverigesemester.com/semester-husstuga-stensjoe- by-sverige-smaland-oskarshamn-3494

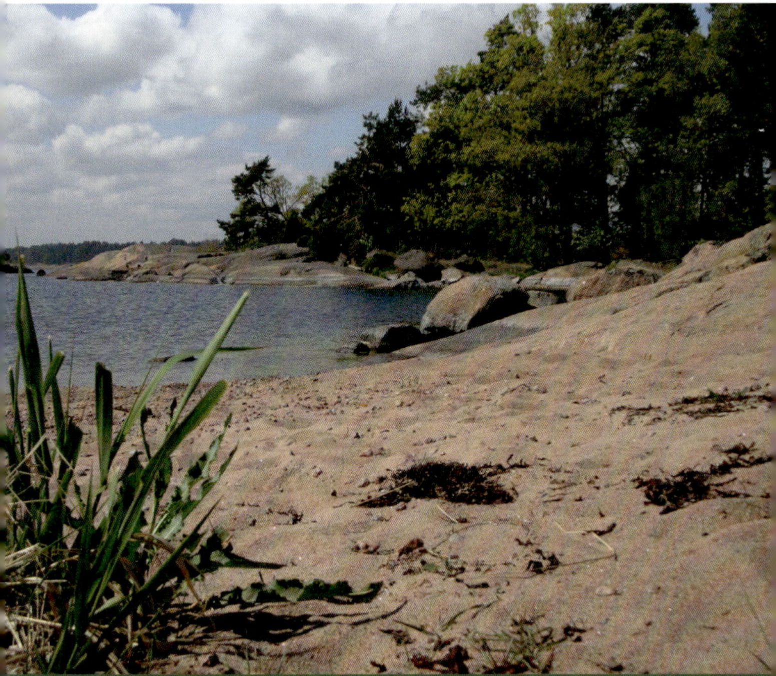

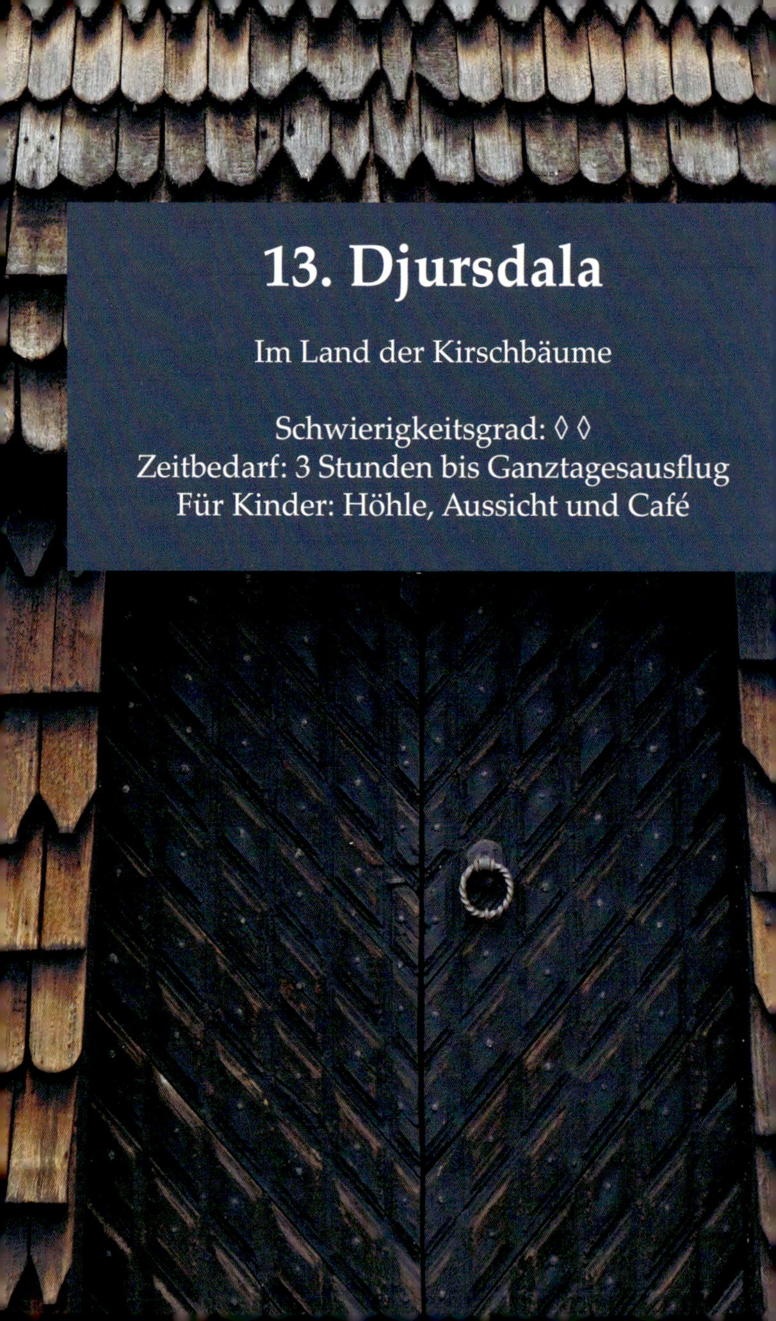

13. Djursdala

Im Land der Kirschbäume

Schwierigkeitsgrad: ◊ ◊
Zeitbedarf: 3 Stunden bis Ganztagesausflug
Für Kinder: Höhle, Aussicht und Café

In Djursdala, einige Kilometer nördlich von Vimmerby, blühen im Frühjahr zahllose Kirschbäume und man sagt, dass Astrid Lindgren hier zum Kirschblütental in ihrem Buch der Brüder Löwenherz inspiriert wurde. Ob das stimmt, weiß man natürlich nicht, aber Djursdala ist auf jeden Fall einen Besuch wert. Hier fügen sich wunderschöne offene Landschaften harmonisch in eine leicht hügelige, manchmal auch bergige Landschaft ein. Überall finden sich Steinmauern, klassische Weidezäune und zahllose Obstbäume, und immer wieder passiert man malerische Seen und rote Häuser mit weißen Eckpfosten.

Fahren Sie von Vimmerby am See Krön entlang Richtung Djursdala, nach knapp 10 km biegen Sie rechts ab nach Djursdala, ca. 2 km später rechts hinauf nach Ungstorp, hier kann man gut parken.

Klettern Sie auf den Aussichtsturm und genießen Sie die wunderbare Aussicht weit, weit über das Land. Wenn Sie im Juli hier sein sollten, können Sie vom Aussichtsturm aus Kirschen ernten, die obersten Zweige eines mächtigen Kirschbaums wachsen bis in die Aussichtsplattform! Gehen Sie am Aussichtsturm vorbei abwärts (also in Verlängerung der Straße, die Sie hoch gekommen sind) und folgen der blauen (=Djursdalarunda) und orangen (= Sevedeleden) Markierung. Nach ca. 400 m liegen auf der linken Seite die Reste eines mittelalterlichen Dorfes, Gamla Ungstorp. Das Dorf entstand bereits im 14. Jahrhundert und wurde ungefähr zu Beginn des 18. Jahrhunderts wieder aufgegeben, aber man findet noch Hausreste und Gräber. Kurz danach zweigt der Sevedeleden nach rechts ab, Sie halten sich jedoch geradeaus und folgen der

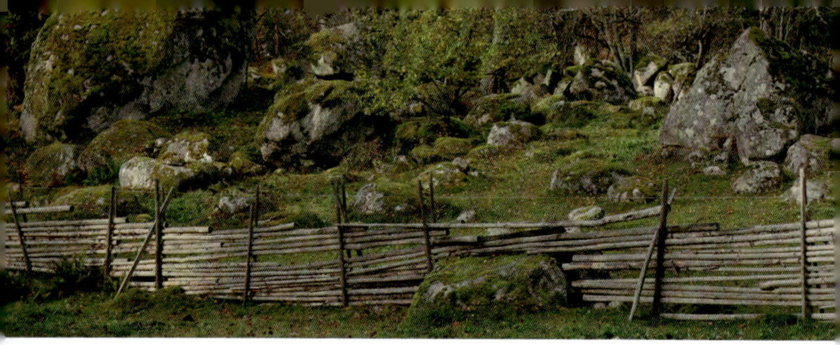

(mitunter etwas spärlichen) blauen Markierung. Nächster Stop ist wenig später bei Hillebo, hier sind auf beiden Seiten des Weges mächtige Grabhügel aus der Bronzezeit. Bitte respektieren Sie diese Kulturdenkmäler und lassen Sie die Steine, die hier schon seit dreitausend oder mehr Jahren liegen, unverändert an ihrem Platz!

Bleiben Sie auf dem Wanderpfad, dabei passieren Sie immer wieder historische Stätten mit Informationsschildern, einen schönen Aussichtsfelsen, eine romantische Quelle und eine schauerliche Höhle (Hytt-Jons kammare, ca. 250 m abseits des Wanderweges mit eigener, roter Markierung, GPS 57.7344, 15.87752). Ungefähr 6 km nach dem Start am Aussichtsturm sehen Sie die Häuser von Sörby vor sich, hier geht die Djursdalarunda nach links ab und nach einem weiteren Kilometer sind Sie wieder oben auf Ungstorp.

Wenn Sie möchten, können Sie aber auch den Sevedeleden weitergehen, also durch Sörby hindurch und dann leicht nach rechts der orangen Markierung folgen. Nach einem leichten Spaziergang von einem Kilometer Länge über eine wunderschöne, offene Wiesenlandschaft kommen Sie an den Ortseingang Djursdala. Gehen Sie rechts und wenige Meter später sehen Sie die Djursdala Musteri, eine schönes Ausflugscafé, wo Sie sich mit Kaffee und Kuchen oder auch einer richtigen Mahlzeit stärken können. Sie gehen dann denselben Weg zurück und hinter Sörby folgen Sie rechts der blauen Markierung zurück nach Ungstorp. Die Djursdalarunda ist ein sehr schöner Wanderweg und „ein Muss", aber Djursdala hat noch mehr zu bieten! Hier ein paar Vorschläge:

- Fahren Sie von Ungstorp wieder hinunter auf die Asphaltstraße und biegen dort nach rechts ab. Sie passieren die mächtigen Scheunen längs der Straße und an der letzten biegen Sie nach links ab. Nach gut 1 Kilometer erblicken Sie links die sehenswerte Kirche von Djursdala, erbaut 1692. Fahren Sie weiter bis zum See Juttern hinunter, hier können Sie links abbiegen und kommen zurück nach Vimmerby.

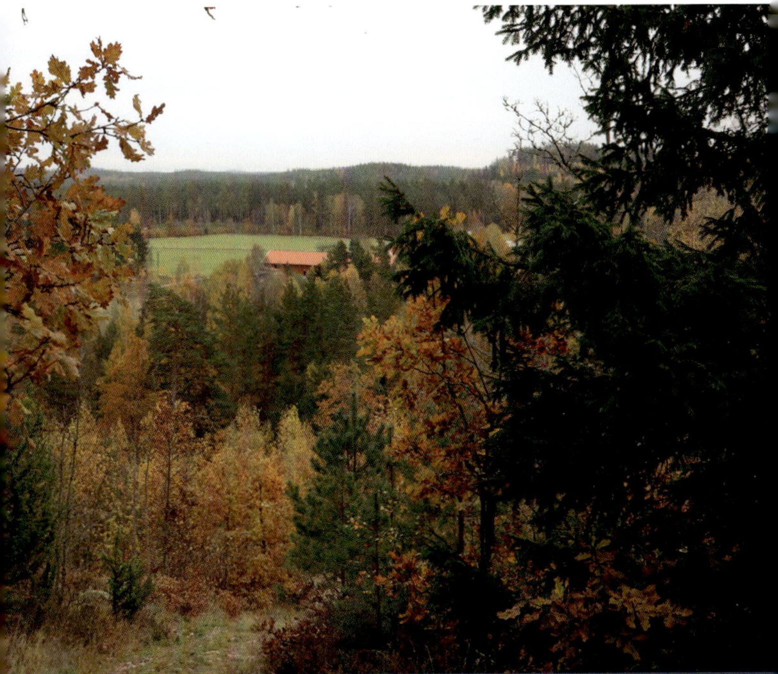

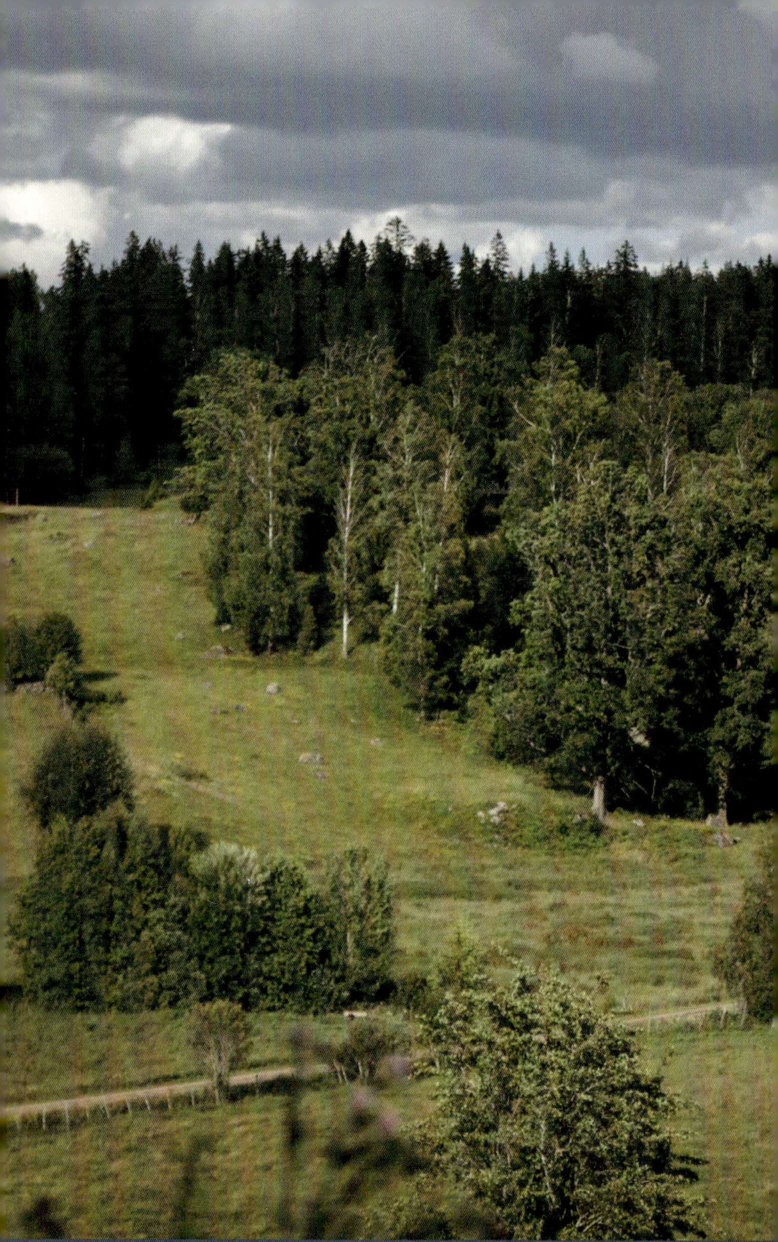

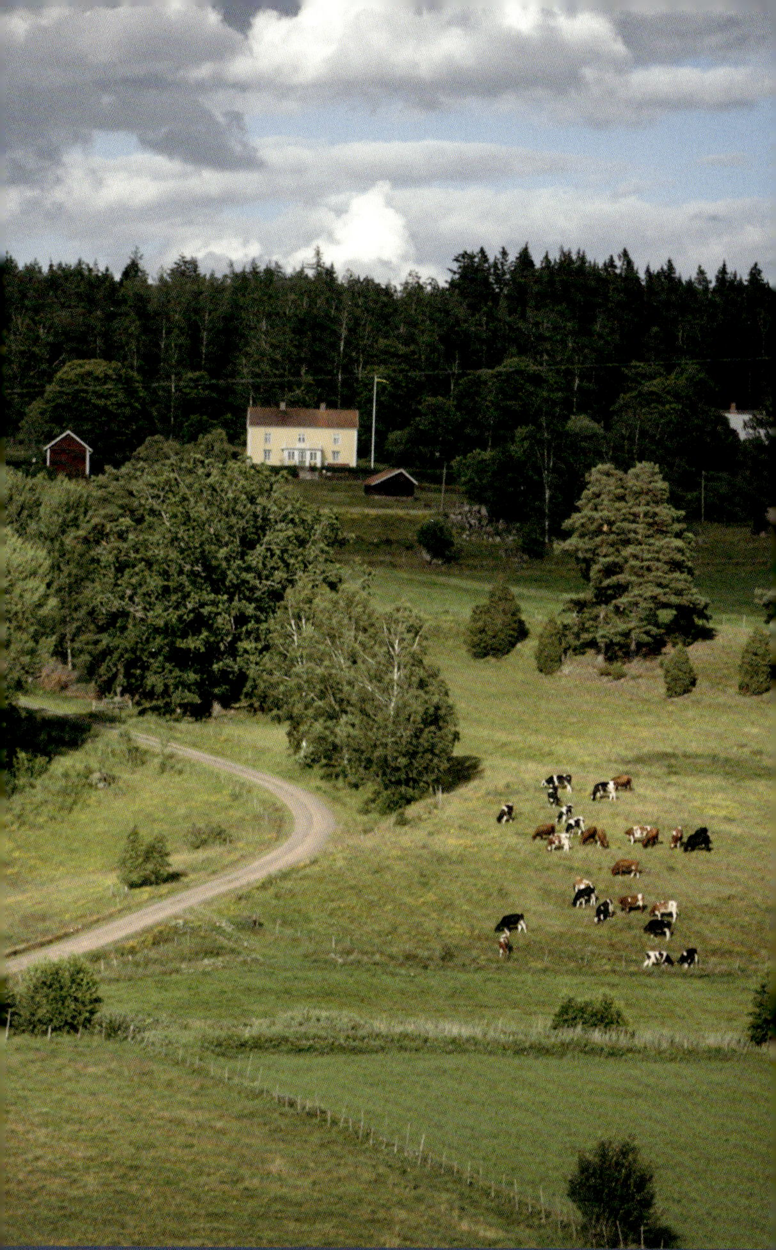

- Sie können aber auch nach rechts abbiegen, ein paar hundert Meter später dann nach links (nach Horn). Das gibt Ihnen die Möglichkeit zu einem kleinen Abstecher nach rechts zum Hembygdsgård hoch. Hier finden Sie alte Häuser und auch öffentliche Toiletten. Sie fahren die Straße Richtung Horn weiter (im Zweifelsfall halten Sie sich links) und gelangen nach gut 2 km nach Stjärnevik, einem sehr schönen Badeplatz am Juttern.

Kurz vor Stjärnevik sehen Sie ein Schild „Stenriket", parken Sie hier (GPS 57.7944,15.84475) und gehen ein paar Meter den Hügel hinauf (rote Markierung). Hier hat Sven Petter Persson, geboren 1813, ein nahezu surrealistisches Steinreich geschaffen, im letztendlich erfolglosen Bemühen, dem kargen Land eine Ackerfläche abzutrotzen. Nebenher bekamen seine Frau und er 14 Kinder: 3 Mädchen emigrierten nach Amerika, ein Junge erblindete und starb mit 30 Jahren an Kraftlosigkeit, von den anderen 10 Kindern erreichte keines das Erwachsenenalter. Sven Petter war ein starker Mann, trotz seines harten Lebens wurde er 86 Jahre alt.

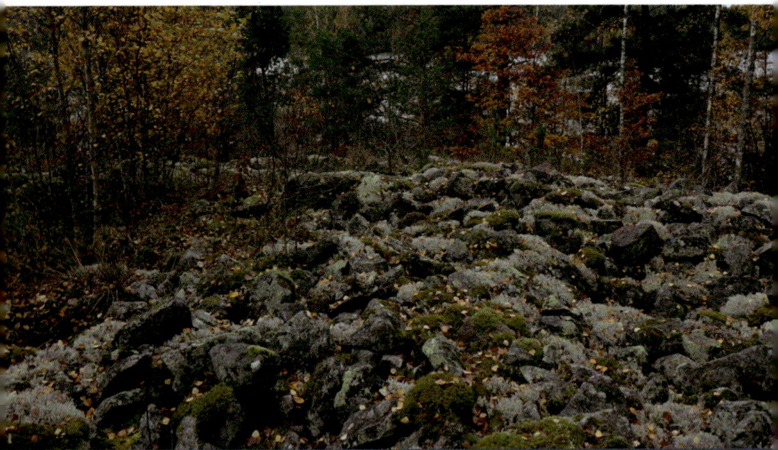

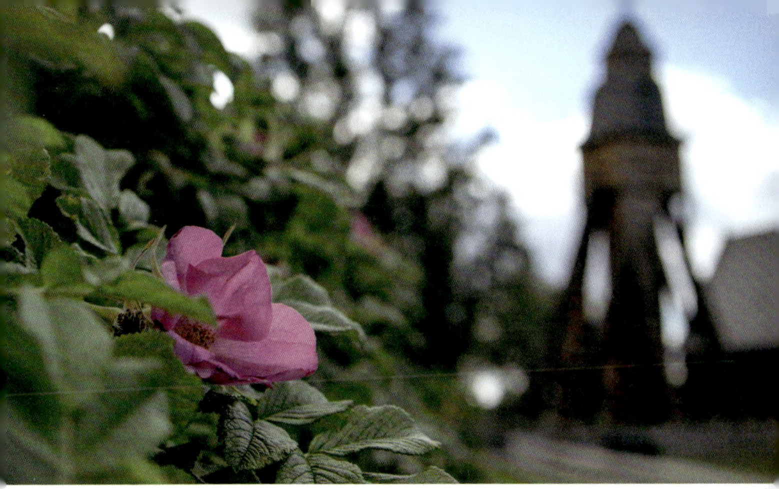

- Zwischen Stenriket und Stjärneviksbadet kreuzen Sie wieder den Sevedeleden (orange Markierung). Wenn Sie möchten, können Sie ihn gut 3 km Richtung Norden gehen und gelangen dann zu einem imposanten Grabhügel aus der Bronzezeit (Drakröse, GPS 57.81112, 15.8331). Dieser „Drachensteinhügel" liegt hoch über dem See Juttern und der Sevedeleden geht hier durch wilde, nahezu unberührte Natur.

- In Djursdala kann man auch Reste einer Fliehburg finden. Fahren Sie von Djursdala Richtung Locknevi, nach ca. 3 km auf dem Locknevivägen zweigt ein Weg nach rechts ab, hier können Sie parken (GPS 57.77622, 15.91409). Gehen Sie die Straße zu Fuß noch ein paar Meter weiter, dann geht rechts ein Pfad steil den Berg hinauf bis zu den Resten der Burg.

Mehr Informationen:
www.djursdala.se
www.musteriet.eu
www.vimmerby.se

Wanderwege Fahradwege Kanustrecken

In den Touristenbüros von Hultsfred, Vimmerby, Oskarshamn, Mariannelund und Eksjö bekommen Sie Informationen zu Wander- und Fahrradwegen sowie Paddelflüssen. Dort können Sie auch detaillierte Wanderkarten erwerben.

Unsere eigenen Favoriten sind Krokshultsleden, rund um den Hammarsjö, Gissen runt und die Djursdalarunda sowie die Wanderwege in Järnforsen. Hier finden Sie eine Auswahl in alphabetischer Übersicht, wir wünschen Ihnen eine gute Tour!

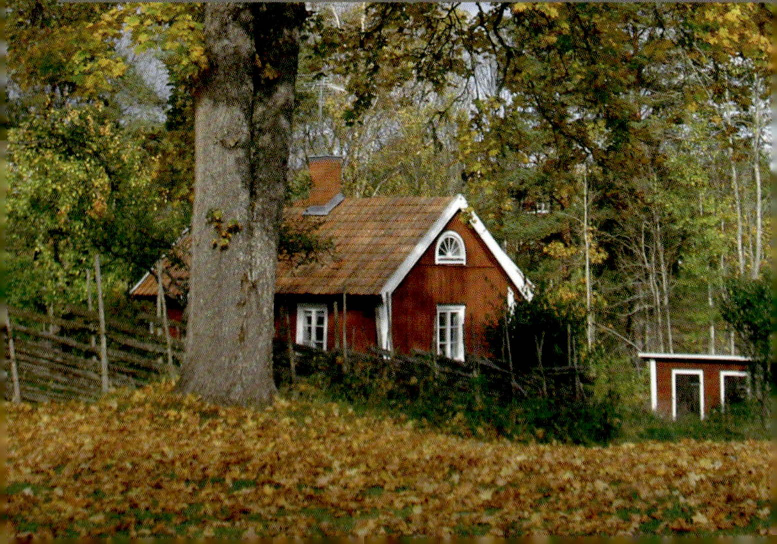

• **Björnnäset** ist eine Halbinsel im Hammarsjögebiet, Naturreservat und absolut sehenswert. Nähere Beschreibung an anderer Stelle in diesem Buch.

• **Brantestads naturrunda** beginnt an der Schule in Brantestad (südöstlich von Vimmerby) und ist 10 km lang.

• **Bråbygden** hat eine Reihe von Wanderwegen. Nähere Beschreibung an anderer Stelle in diesem Buch.

• **Djursdalarunda** ist ein 7 km langer Pfad in hügeliger Landschaft mit abwechslungsreicher Natur und historischen Plätzen. Nähere Beschreibung an anderer Stelle in diesem Buch.

• **Duvekulla Kyrkväg/Tveta kyrkväg** ist ein alter Kirchweg zwischen Dalsbacken und Dal. Beginnen Sie 2,5 km südwestlich von der Kirche in Tveta bei Mörlunda (im Süden der Gemeinde Hultsfred).

• **Emilleden** ist ein Wanderweg von 40 km Länge zwischen Lönneberga und Mariannelund.

• **Gissen runt** ist ein 8 km langer Wanderweg um den See Gissen bei Storebro, zwischen Vimmerby und Hultsfred. Starten Sie am Hotel Fredensborg, nach etwa der Hälfte des Weges verlassen Sie den See einige hundert Meter südwärts Richtung Hultsfred und erklimmen den Gisseskallen mit seiner fantastischen Aussicht. Wieder zurück am Hotel Fredensborg erholen Sie sich bei Kaffee und Kuchen oder essen zu Abend. Oder entspannen Sie am Badestrand unterhalb des Hotels (nur für Gäste, aber es gibt einen weiteren Badestrand ein Stückchen weiter, folgen Sie dem Schild „Evabad", wenn Sie hinunter zum Strand gehen).

• **Gullringen** hat einen Wanderweg mit Start an der alten Mühle in Brännebro.

• **Hammarsjö runt** ist ein wunderschöner Weg rund um den Hammarsjö, 10 km. Nähere Beschreibung an anderer Stelle in diesem Buch.

• **Hammarsjöleden** geht von Hultsfred Kalvkätte trädgård (gegenüber der Abfahrt Hultsfred Centrum) bis zum Hammarsjö, 12 km.

• **Hjortleden** geht auf 19 km Länge um den See Hjorten in Virserum

• **Hultsfreds slätt** hat eine 2 km lange Wanderstrecke mit blaugelber Markierung und Informationstafeln.

• **Höglandsleden** wird auch „Weg der Aussichten" gennant, er ist Teil des Europäischen Wanderweges E6 und 454 km lang. Einstieg von Mariannelund aus.

• **Järnforsen** im Süden der Gemeinde Hultsfred bietet gleich vier verschiedene Wanderwege von unterschiedlicher Länge und Schwierigkeit. Gemeinsamer Start kurz hinter dem Dorfende.

• **Krokshultleden** ist ein abwechslungsreicher und sehr schöner Wanderweg von 18 km Länge, auf dem Sie einen sehr guten Eindruck von Småland bekommen. Start und Ziel ist das alte Missionshaus am Ortsausgang von Krokshult. Krokshult liegt südöstlich von Hultsfred auf dem Weg nach Bråbygden / Kristdala.

• **Lönnebergaleden** ist ein 55 km langer Wanderweg quer durch die Gemeinde Hultsfred von Eckerhult im Osten bis Järnemåla im Westen. Dieser Wanderweg ist das Verbindungsstück vom Ostkustleden und Sevedeleden. Unterwegs gibt es Rastplätze mit Grill und Übernachtungsmöglichkeiten.

• **Målsjöns vandringsleder** beginnen in dem sehenswerten Dorf Röstorp (nördlich von Kristdala) und führen an schönen Strandwiesen, einem Vogelturm, einem Heuschober von 1834 und einer Flachssauna vorbei und man kann auch ganz um den See Målsjö gehen.

• **Ostkustleden** ist ein ringförmiger Wanderweg von 160 km. Er geht von der Küste bis zur Gemeinde Hultsfred, wo er Anschluss zum Lönnebergaleden hat.

• **Sevedeleden** ist ein 50 km langer Fernwanderweg im Anschluss an den Ostkustleden. Unterwegs gibt es Rastplätze mit Grill und Übernachtungsmöglichkeiten.

• **Stubbhult** ist einer der am besten erhaltenen Kulturlandschaften in der Kalmar Region, ca. 10 km östlich von Målilla im Süden der Gemeinde Hultsfred. Es gibt eine Runde durch die Wiesen (2,5 km) und von deren Mitte aus eine Verlängerung in den Wald (2 km).

• **Virserum sjön rund** ist ein 9 km langer Wanderweg um den Virserum See, im Süden der Gemeinde Hultsfred.

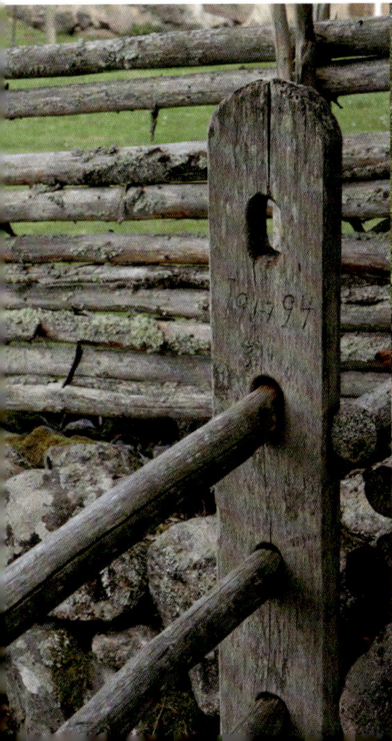

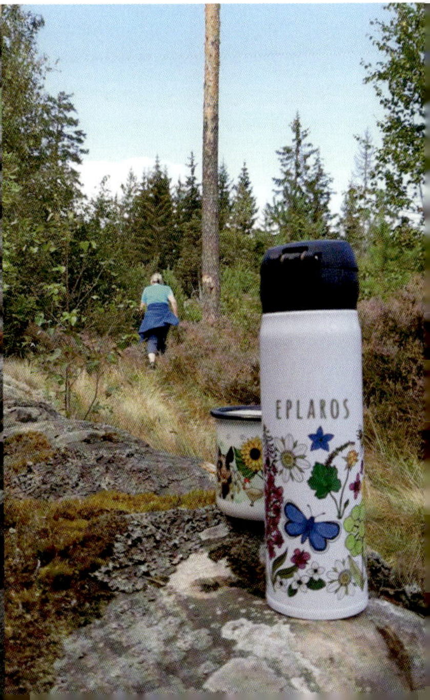

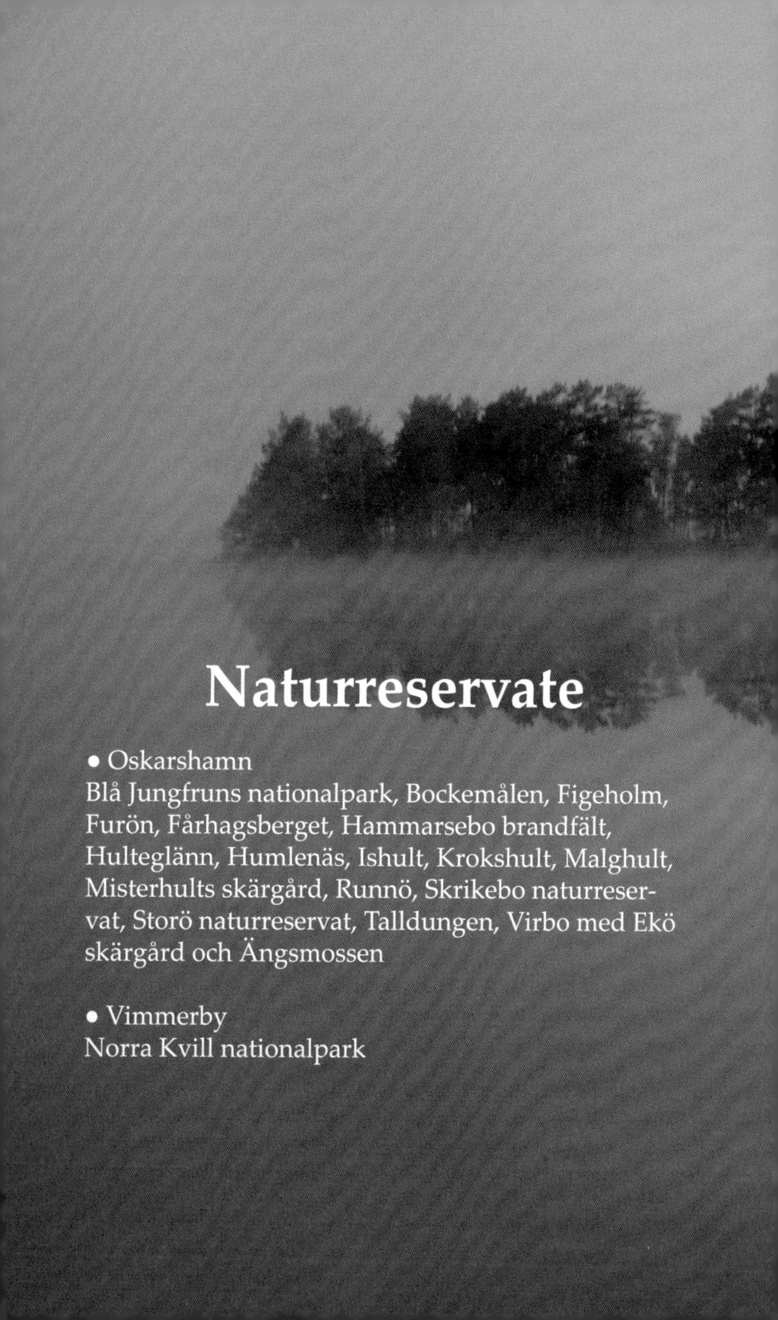

Naturreservate

- Oskarshamn

Blå Jungfruns nationalpark, Bockemålen, Figeholm, Furön, Fårhagsberget, Hammarsebo brandfält, Hulteglänn, Humlenäs, Ishult, Krokshult, Malghult, Misterhults skärgård, Runnö, Skrikebo naturreservat, Storö naturreservat, Talldungen, Virbo med Ekö skärgård och Ängsmossen

- Vimmerby

Norra Kvill nationalpark

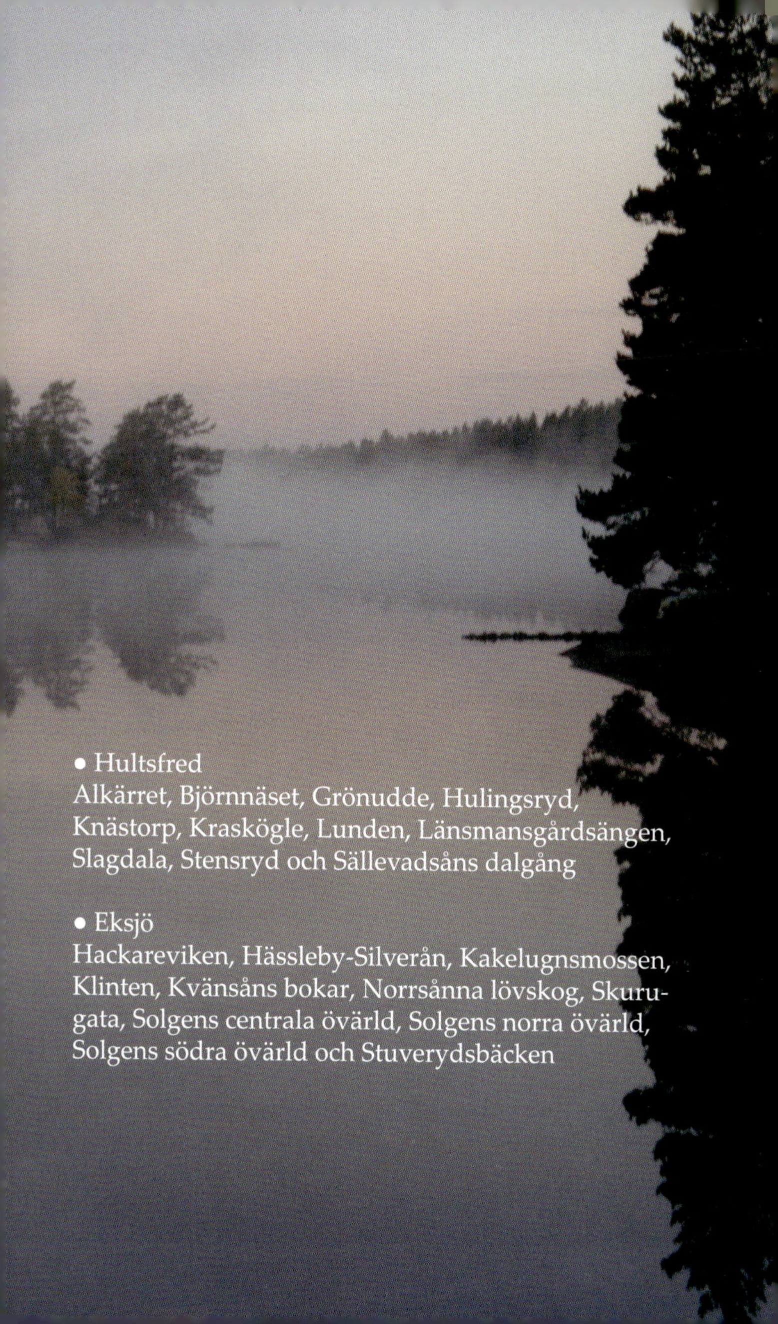

• Hultsfred

Alkärret, Björnnäset, Grönudde, Hulingsryd, Knästorp, Kraskögle, Lunden, Länsmansgårdsängen, Slagdala, Stensryd och Sällevadsåns dalgång

• Eksjö

Hackareviken, Hässleby-Silverån, Kakelugnsmossen, Klinten, Kvänsåns bokar, Norrsånna lövskog, Skurugata, Solgens centrala övärld, Solgens norra övärld, Solgens södra övärld och Stuverydsbäcken

Ortsregister

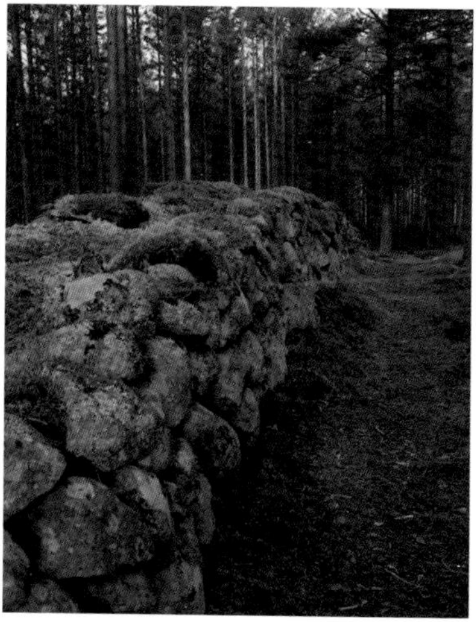

Bildverzeichnis

Alle Fotos von Christian Holzer außer:
Emma Jansson: sid 4, 7, 8-9, 14, 20, 24, 25, 32, 34, 51, 54, 55, 65, 69, 73, 74, 80, 81, 107, 108-109, 112

Weitere Wander- und Ausflugsführer im Basebo förlag

Ausflüge in Småland, 20 Tagesausflüge in der Heimat Astrid Lindgrens. ISBN 978-91-9852790-2

Småland för barn/für Kinder/for children. Ein Buch für Kinder und Erwachsene über Småland. ISBN 978-91-981913-7-0

Hitta naturen, en guidebok med 13 vandringar. ISBN 978-91-981913-0-1

#HikingHultsfred, natur och vandringsleder i Hultsfreds kommun. ISBN 978-91-981913-9-4

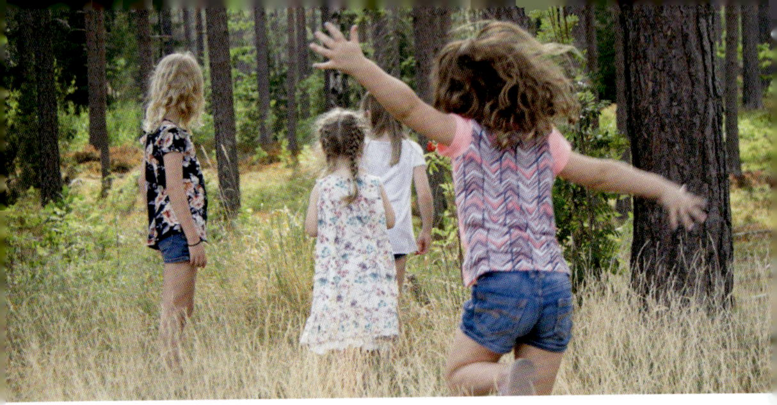

Unterwegs mit Kindern

- Setze klare und überschaubare Ziele: bis zum Badeplatz, auf den höchsten Punkt, die Schlucht, das Café, noch 100 Schritte ...
- Vermeide vage Sprüche wie „es ist nicht mehr weit" oder „nur noch ein bisschen".
- Ein Ziel kann auch sein, den größten oder schönsten Pilz zu finden, den dicksten Baum zu umarmen, etwas Gelbes zu finden ...
- Plane immer etwas extra Zeit ein und sei nicht zu ehrgeizig.
- Mache oft Pausen und richte dich dabei nach den Wünschen der Kinder.
- Nimm ein Fernglas mit, oder ein Buch über Vögel / Pflanzen / Beeren, oder ein Kuscheltier / Kartenspiel / Ball ...
- Mache ein Feuer, bereite Essen über dem Feuer oder mit einem Sturmkocher.
- Hebe dir eine Überraschung auf, z.B. ein Stück Schokolade oder Kuchen, oder lies ein Gedicht vor.
- Nehmt euch Zeit für Spiele unterwegs, siehe die Anregungen im Buch.

„Superschöne Wanderung, bestes Wanderwetter."

„Wetter und Ausflug sind super."

„Mit lecker Blaubeer im Mund,
hört unsere Kund:
Der Garten Eden,
der ist in Schweden!
Wir haben gut Lachen
und knusprige Sachen.
Das Wetter macht mit
– wirklich ein Hit!"

„Sonne, Stille, Himbeeren,
Blaubeeren und die
atemberaubende Natur."

„Wunderschöne Landschaft,
ein tolles Land"